中国城市化非均衡发展

基于地方政府行为视角的解释

戚名侠　著

中国科学技术大学出版社

内 容 简 介

本书为安徽省高校科研项目(哲学社会科学类)(2023AH052166)、合肥大学人才科研基金项目(20RC61)的阶段性成果之一，对中国城市化发展现状、各地区城市化水平之间的差异进行对比分析，将政府行为纳入区域城市化发展差异的分析框架中，对区域城市化水平差异的影响因素进行了全面系统的分析，并总结了长三角城市群城市化发展的成功经验与启示，从而为推动中国城市化均衡可持续发展提供一定的理论基础和现实参考。

本书可供关注和从事区域城市化发展、政府行为及长三角城市群发展问题研究的各界人士和学者阅读参与。

图书在版编目(CIP)数据

中国城市化非均衡发展 ：基于地方政府行为视角的解释 / 戚名侠著. -- 合肥 ：中国科学技术大学出版社，2025. 6. -- ISBN 978-7-312-06063-2

Ⅰ. F299. 21

中国国家版本馆 CIP 数据核字第 2024LL2181 号

中国城市化非均衡发展：基于地方政府行为视角的解释

ZHONGGUO CHENGSHIHUA FEIJUNHENG FAZHAN：JIYU DIFANG ZHENGFU XINGWEI SHIJIAO DE JIESHI

出版 中国科学技术大学出版社
安徽省合肥市金寨路 96 号，230026
http://press.ustc.edu.cn
http://zgkxjsdxcbs.tmall.com

印刷 安徽省瑞隆印务有限公司

发行 中国科学技术大学出版社

开本 710 mm×1000 mm 1/16

印张 9.75

字数 194 千

版次 2025 年 6 月第 1 版

印次 2025 年 6 月第 1 次印刷

定价 45.00 元

前　言

城市化是人类社会文明进步的标志，是一个国家和地区经济社会发展的必经阶段。城市化水平的提高不仅仅意味着农村人口不断地向城市转移，而且在新的时期对人类社会、自然和谐相处，以及全面发展提出了更高要求。目前，世界城市化平均水平已超过50%，即全球有一半以上的人口在城镇生活。纵观世界各国的城市化进程，发达国家基本上已经进入城市化成熟发展阶段，美国、日本等国的城市化水平均超过80%，面对着城市化快速发展的关键阶段，发展中国家也不甘示弱，正以赶超式的速度推动着各自的城市化进程。作为世界上最大的发展中国家，中国走近世界舞台中心，其间取得的进步和为世界所做的贡献都是巨大的。随着中国国力和国际地位的不断提高，中国城市化水平和发展速度也受到了全球各国的高度关注。

改革开放以来，中国的城市化进程取得了历史性进展，尤其是进入21世纪，中国城市化水平以年均超过3%的增长率向前推进，并在2011年突破50%，中国正式进入“城市化社会”的行列。在过去的四十多年里，中国城市化成功地将数以亿计的农村劳动力转移到城市，实现了从低生产力水平向高生产力水平的跨越，同时也带动了有效需求的快速增长，因此城市化不仅是中国产业结构调整的重要依托，也是中国经济增长的重要引擎（王婷，2013）。同时，中国经济的快速发展也成为推动城市化进程的主导力量。但是，同改革开放以来经济快速发展的方式一样，中国城市化的快速发展很大程度上是在一种非均衡的条件下进行的。随着国家对城市化问题的重视和中国城市化国际影响力的不断提高，继区域经济非均衡发展研究的热潮之后，中国城市化区域非均衡发展问题也引起了学术界的高度关注。

我国经济水平快速发展，导致人口要素开始在城市高度集聚，从而带动了我国城市化的快速发展。2022年，我国城镇人口为8.5亿人，占全国人口总数的60%以上，2022年末城镇就业人口占比也达到了62.6%。然而，一个不可否认的事实是，城市化水平的快速增长也导致了一个新的城市化区域非均衡发展的问题。作为我国城市化的代表区域，长江三角洲、珠江三角洲、京津冀三大城市群以5%左右的国土面积贡献了约40%的国内生产总值。而这些城市群中，北京、天津、上海等地的城市化水平均超过了80%，高出全国平均水平20%～30%。相较于这些发达地区，我国中西部地区城市化发展水平却相对落后，多数省(区、市)的城市化水平均低于50%。由此可见，我国区域城市化水平之间的差距甚大，城市化区域非均衡发展问题较为严重。城市化区域非均衡发展将导致区域经济发展水平、区域收入水平等方面的差距进一步扩大，从而引发区域城市化非均衡发展和区域经济非均衡发展的恶性循环，进而影响各地区城市化的可持续发展。因此，找出城市化区域非均衡发展的原因，促进区域城市化均衡发展是当前城市化理论研究所面临的重要任务。

针对城市化区域非均衡发展的原因，学者们大多从动力机制的角度进行探索，结果显示，经济水平、产业结构、对外开放水平以及技术进步等城市化动力因素的差异是造成我国城市化区域非均衡发展的主要原因。然而除了这些传统的因素外，是否还有其他因素对区域城市化水平的差异产生影响呢?

事实上，在中国的城市化进程中，政府和市场一直是推动城市化发展的两大动力基础。城市化的发展应当遵循市场经济的一般规律，但是仅靠市场规律进行调节可能会存在城市公共产品和服务供给不足等市场失灵的现象，从而导致城市化发展出现无序性和滞后性。而政府作为具有一定级别的权力机关，这种权力性使得政府可以以完全不同于市场机制的形式来对城市化的发展施加影响，从而弥补市场的缺陷与不足。从当前政府的主要经济职能来看，就是通过制定相关制度和政策以解决市场失灵所引起的无效率问题，并为城市的发展提供必要的基础设施和公共服务。由此看来，中国的城市化进程不仅受传统经济因素的影响，同时也离不开政府行为的干预。对于地方政府而言，受各种不同环境的影响，其行为模式必定存在一定的差异，而这种差异性是否会对区域城市化发展产生不同的影响呢?基于这一问题，本书将从地方政府行为的角度探讨城市化区域非均衡发展问题，这不仅为当前区域城市化问题研究提供一个新的思路，同时对判断过去地方政府行为效果和对新时期区域城市化协调发展政策的制定具有重要的参考价值和现实意义。本书探讨的问题主要包括以下几个方面：

第一，对城市的发展与形成、城市化的概念和内涵进行系统的梳理和阐述，以便对城市化特点有较为全面的了解。

第二，对城市化水平的测度方式、城市化区域非均衡发展程度的测度、城市化区域非均衡发展的影响因素和地方政府行为与城市化发展等方面的相关研究进行梳理，当前已有的研究主要存在以下两个问题：其一，我国城镇人口统计标准的频繁变动，导致我国城镇人口比例忽高忽低，而学者们对于城市化水平的度量方式也是五花八门，难以统一。其二，当前已有诸多文献对政府行为与城市化发展之间的关系进行了研究，但是极少有学者将政府行为作为影响城市化发展的内生因素进行研究，也很少有学者从区域的角度考察地方政府行为差异对城市化区域非均衡发展的影响。

第三,从不同角度对不同区域城市化发展现状和区域非均衡发展的特征进行描述,认为当前我国区域间城市化水平差异较大。此外,为了缩小我国城镇人口统计的误差,同时参考了部分学者的研究成果,从城镇人口比重、城镇人口规模,以及城镇二、三产业就业人口比例三个方面构建出人口城市化综合评价指标,并采用熵值法对人口城市化综合发展水平进行测度,以期更为准确地衡量各地区城市化水平。进一步采用基尼系数法和核密度估计法对我国城市化区域非均衡发展程度和时空演变趋势进行了分析,结果表明我国城市化区域非均衡发展程度在逐渐减弱。东、中、西三大区域城市化基尼系数与全国的变化趋势相同,但东部和西部的城市化基尼系数明显高于中部地区。从各区域的核密度曲线来看,三大区域城市化差异程度均有一定程度的减小,但都存在多极化现象。

第四,从经济水平、产业结构、对外开放和技术进步四个方面探讨了城市化动力因素对城市化发展的作用路径,并对各区域经济发展水平、产业结构升级、对外开放水平和技术创新能力的差异性进行了分析,从而揭示出我国区域城市化非均衡发展的第一层原因。进一步对我国地方政府行为及其特征进行了概述,并从城市化动力因素的角度简单论述了地方政府行为对各地区城市化发展的影响。

第五,从户籍制度、财政制度、土地制度三个方面总结了地方政府行为与城市化发展的内在联系,并从不同角度对地方政府行为差异与城市化非均衡发展的特征事实进行了描述。首先,户籍制度对城市化进程的根本影响在于不同的户籍形式所造成的社会福利的差异严重阻碍了农村劳动力的转移。通过对改革开放以来我国户籍制度改革的历程和农村劳动力转移情况的梳理发现,宽松的户籍制度使得我国农村劳动力转移数量有了明显增加,而不同区域户籍制度改革的差异势必会对区域城市化发展产生不同的影响。其次,财政分权体制改革引发的地方政府竞争,推动了地方经济与城市化的发展。但是不同区域财政分权程度的差异导致其对城市化发展的影响程度也有所不同。经济发达地区财政分权程度较高,对城市化发展的推动作用较大,而经济落后地区财政分权程度较低,对城市化发展的推动作用较小。最后,土地财政扩大了地方政府的财政收入规模,使得地方政府有更多的资金投入城市基础设施建设,从而促进了城市化的发展。但是各地区土地财政的收入规模存在着巨大差异。总的来说,经济发达地区的土地财政收入规模越大,对土地财政的依赖程度也越高,而经济落后地区则相反。

第六,从全国和区域两个角度对城市化动力因素、地方政府行为与城市化水平之间的关系进行了实证检验。从全国来看,城市化动力因素及其地方政府行为均对城市化水平的提升起到了显著的推动作用。从区域差异的角度来看,由于地区间经济发展水平、产业结构优化程度、对外开放水平、技术进步效率和地方政府行为等存在明显的差异，这些因素对各地区城市化发展的影响效果也存在明显的不同。东部发达地区在各方面均占有明显的优势，这些优势使得该区域城市化一直处于较高的发展水平，这也是导致我国区域城市化非均衡发展非常重要的原因。此外，我们对地方政府行为和城市化动力因素的交互项对城市化水平的影响效果进行了实证检验，结果表明，地方政府行为与城市化动力因素的交互项对促进城市化的发展具有明显的互补作用，即地方政府行为能够带动地方经济发展、产业结构升级、对外开放水平提升和技术进步效率提高，从而促进该区域城市化的发展。

第七，对长三角城市群的经济水平、城市化发展现状和不同级别的政府行为在推动长三角各地区城市化均衡发展中的作用进行了研究，并从城市化动力因素和地方政府行为两个角度对如何促进我国区域城市化均衡发展提出了建议。

目　　录

第一章　认识城市化

城市是一个区域的中心，代表着一个地区人口与商业的集聚。城市化是一个地区经济社会发展重要推动力，也是解决经济社会发展中诸多结构性矛盾的关键。一方面，城市化是产业发展的重要依托，而产业的发展是城市化经济来源的重要支撑；另一方面，科技的发展与进步使得现代化大城市成为科技创新和信息交流的中心。此外，在城市化进程中就业机会的不断增加吸纳了大量的农村剩余劳动力，提高了居民的收入水平，促进了城乡融合发展。然而城市化发展引发的一系列环境污染、资源浪费、区域发展不均衡等问题也日益突出。在高质量发展的新时代背景下，面对城市化所带来的一系列机遇和挑战，中国需认清城市化发展的本质，并制定出新的发展战略，以实现城市的全面发展和竞争力的迅速提升。

第一节　城市的概念及形成条件

一、城市的概念

从发展学的角度来看，城市是人类社会发展到一定阶段的产物，是生产专业化不断提升、社会分工不断深入的结果。城市从字面上看，分为“城”和“市”两个部分。追溯到夏以前的时期，每个部落建立城墙划分部落，称之为“史前古城”（李旭，2010），“市”本义是指集中进行交易的场所，后来引申为工商业和文化发达、人口密集的城镇。因此，二者组合起来的“城市”是指一个大型的人类聚居地，一个永久的、人口稠密、具有行政界定的边界，其成员主要从事非农业任务的中心区域。因此，城市的主要特点是以非农业经济为基础，并以社会、经济、政治等为主要活动人口密集区。目前来看，全国有一半以上人口住在城市，且城市空间扩张迅速，城市住房、交通、教育、医疗、卫生和基础设施建设等都在不断发展和完善，同最原始的城市相较而言，现代城市功能体系发展已逐步健全。

二、城市的形成条件

城市的形成从根源上看有两个过程，即由城到市和由市到城。由城到市是指先出现城，在城的基础上进行物品的交易和买卖，而后形成了市，这类城市多见于战略要地和边疆城市，其建成的目的主要是为了防御外敌。而由市到城是由于市的发展而建立了城，这类城市的形成较为常见，是一个地区经济发展到一定阶段的产物。

1．城市形成的社会经济基础

生产率的提高和社会分工的扩张是城市形成的社会经济基础。在原始社会，生产率低下，物品的交易是为了满足人们基本的生存需要。后来，商品的生产和交易逐渐稳定为城市的产生与发展奠定了社会经济基础。新石器时代，农业与畜牧业分离使得人类社会出现了第一次大分工，分工的出现使得原始的生产和生活方式变得更加专业化，物质生产在满足基本的生活需求后出现了剩余，交易活动进一步发展。原始社会瓦解后，手工业与农业分离，工具的制造与使用使得生产规模和总量迅速提升，财富的不均衡占有由此产生，因此第二次社会大分工导致了私有财产的出现，推动了交易的进一步发展及城市的形成。直至奴隶社会时期，商业的出现对城市的形成和发展有了历史性的促进。专门从事商业活动的商人不仅加速了商品交换的进度，同时也扩大了商品交易的范围，以商品加工和交易为主要生活方式的居民点产生了，称之为聚落，这也是城市形成的初始状态。时至今日，随着经济社会的发展，城市商业和交易活动的方式和种类复杂且多样，从实体经济到虚拟经济的转变也使得如今的城市功能有了翻天覆地的变化。

2．城市形成的自然条件

地理位置、水土气候和矿产资源是影响城市形成的重要条件。首先，土壤肥沃、水源充足、地势平坦、交通便利的地区是城市建设的首选。这些因素不仅影响着城市建设的成本，对后期城市的发展与繁荣也至关重要，所以世界上大部分的重要城市都分布在平原地区，像沪宁杭城市群、五大湖城市群、西欧平原城市群等，目前这些城市群均是国家经济发展的核心区域。其次，气候是影响人类移居和农作物生长的主要因素，而城市是人口高度密集区，适宜的气候更适合人类的居住和城市的形成。从全球看，大部分城市，尤其是大城市多位于适于人类生活的温带地区。我国的大城市绝大部分分布在东部和南部湿润、半湿润的温带、亚热带地区。再次，水源也是影响区域城市形成和发展的重要因素，水是生命之源，工农业都离不开水。河流除了为生产生活提供丰富的水源外，河流运输也是人类最早利用的运输方式之一，这是早期城市沿河发展的重要原因。在古代天然水道有很好的防御功能，在现代有大河流经的城市是水陆转运的重要枢纽。水源紧张往往成为城市发展的瓶颈。最后，丰富的矿产资源为城市工业提供源源不断的生产原料，同时带动了制造业、采矿业的发展，部分地区也依靠丰富的矿产资源建设工矿城市，带动了城市经济的发展。

3．其他因素

除了经济基础和自然资源，战争、社会制度的变迁、区域文化、生产力水平、技术、人才、投资等均是影响城市形成的关键因素。

第二节　城市化的内涵

"城市化"(urbanization)一词最早是由西班牙工程师瑟尔达(A. Serda)在其1867年出版的著作《城市化基本原理》中提出的(佚名，2004)，瑟尔达在书中解释到："城市化是指城市数量的不断增加和城市规模的不断扩大，在此期间，人口不断向城市集聚，城市精神文明和物质文明不断扩散，从而在产业结构不断调整下一种新的空间形态和地理景观便由此衍生出来"(郭强，2011)，后来随着社会不断的发展及城市化问题复杂程度的提高，学者们对于城市化的定义提出了不同的看法。

首先，不同学科对城市化这一概念给出了不同的定义。人口学家把城市化定义为农村人口向城市人口转移并集中的过程，从而导致城市人口增加或者城市数量的增加。西方诸多学者也从人口的角度对城市化进行了明确定义。阿尔德里奇认为："人口的集中就是城市化的全部含义。"威尔逊在《人口学辞典》中指出："城市化就是居住在城市地区的人口比重上升的现象。"国内学者认为人口由农村向城镇、小城镇向中心城市流动的过程即为人口城市化(李婕 等，2012)。经济学家从产业结构的角度对城市化概念进行了解释，他们强调城市化是农业向非农业转变的过程，即城市化是劳动力从第一产业向第二、三产业转移的过程，在此过程中，农村人口不断地向城市聚集，加强了生产的专业化和社会化，资源配置不断朝着更高效率的方向发展(赵煦，2007；唐耀华，2013)。地理学家关注的是城市化过程中地理区位的变化，他们将城市化定义为：居民和产业在具备特定地理条件的地域空间里集聚，并在此基础上形成消费地域，呈现出日益集中化使地域中城市性因素逐渐扩大从而实现聚落和经济布局的空间区位再分布的过程(崔功豪 等，1992)。社会学家认为城市化是人们生活方式转变的过程，城市向人们提供了更优越的生活条件，因而吸引着更多的农村人口向城市转移和集聚，并逐渐地融入到城市的生活组织中去。

后来，随着城市化理论研究的不断深入，学者们从更广阔的角度对城市化进行了全新的阐释并产生了一系列城市化衍生概念，如乡村城市化、郊区城市化、逆城市化、全域城市化、生态城市化及新型城市化等。

马克思在1858年初步提出了乡村城市化的观点。马克思指出："现代历史是乡村城市化……"因为从近代欧美等发达国家的发展历程来看，19世纪初，这些国家的人口大多居住在农村，随着后期社会文明和工业化的发展，大量的农村人口开始向城市转移，这正是马克思所说的"乡村城市化"的内涵(税伟 等，2005)。后来西方学者在马克思所提观点的基础上，对不同国家和地区的乡村城市化现象进行了深入的研究。美国学者帕辛(Midvel Pacione)和法国学者麦尔兰(Pierre Merlin)以西方发达国家作为研究对象，认为这些国家的乡村城市化表现为城市人口、思想、文明和生活方式等不断向乡村地区扩散，但两者的观点区别在于帕辛认为乡村城市化是指城市的思想观念及生活方式向农村扩散的过程，由此表现为心理上已经城市化但仍然居住在农村。而麦尔兰则强调人口的转移，城市居民向往农村的自然环境，因此通过购买农村廉价的土地建设别墅并迁移到农村居住。后来，私人汽车的普及及交通环境的改善，加速了乡村城市化的进程(陈光庭，2002)。加拿大地理学家麦吉针对亚洲地区农村城市化现象提出了"desakota"这一重要术语，学者们将其译为城乡融合区或乡村城市化(周一星，1993；周大鸣 等，1995)。麦吉认为，亚洲某些核心区域出现了类似于但又有别于西方大都市区的新的空间构造，这些地区的主要特征表现为城乡之间的互动频繁且农业和非农产业高度混合(McGee，1991)。之所以说亚洲这些地区出现的乡村城市化与西方的大都市不同是因为亚洲的这些"desakota"是由于乡村非农产业的发展和城市工业的再分配形成的，而西方大都市则是由于城市人口向农村迁移扩散形成(阎小培 等，1994)。2004年，加拿大学者卡迪尔(Qadeer)发现了一个鲜为人知的现象：在第三世界的许多国家，农村人口正在以内生增长的方式在农村区域扩张，致使农村人口密度超出了界定城市人口密度的临界值400人/km^2，他把这个高密度人口的区域称为乡村都市带(Qadeer，2004)。Qadeer所提出的乡村都市带与帕辛、麦尔兰和麦吉等人提出的发达国家乡村城市化和亚洲地区乡村城市化的区别在于前者只是在空间形态上满足了城市特征，而并未体现出城市的社会制度和经济结构。

根据西方学者提出的乡村城市化理论，国内学者对于乡村城市化的概念和内涵做出了新的表述和总结。税尚楠、吴希翎(1984)认为西方学者对于乡村城市化的界定虽存在一定的差异，但他们都认为乡村城市化是指农村人口向城市化人口转变、农村地区变为城市地区的过程。这一表述从表面上反映了农村城市化的特征，却并不能代表乡村城市化的真正内涵。而乡村城市化的真正意义是城乡融合发展,共同进步。其科学内涵是城市和乡村人民共同创造社会效益,共同享用经济增长带来的利益和社会积累的科学文化。薛德升、郑莘(2001)认为乡村城市化是农村剩余人口不需要进入城市,在农村地区就已完成农业向非农业就地转化的过程。而陈光庭(2002)则认为这种"离土不离乡"的现象是城乡一体化的表现,并不是乡村城市化,乡村城市化的实质是农村剩余劳动人口的空间转移,即农村劳动力进入城市,实现从第一产业向第二、三产业转移的过程。孟卫东等(2017)的研究则综合了两者观点,认为乡村城市化更多表现为农村向城市聚拢和城市向农村扩散的相互作用,致使城乡公共服务、社会福利及生活观念等差别逐渐缩小的过程。总之,国内学者对于乡村城市化概念的解释既借鉴了西方学者的观点,又考虑了中国的特殊国情,但仍然是仁者见仁,智者见智,尚未形成统一的观点。

郊区城市化是不同于乡村城市化的一种全新的城市化发展模式。皮特·梅什科夫斯基和埃德温·米尔斯(Peter Mieszkowskj et al.,1993)研究发现,20世纪后期,美国越来越多的居民居住在被联邦政府称之为大都市圈的区域内,即居住在城市边缘的居民越来越多,而居住在城市中心的居民越来越少。皮特·梅什科夫斯基和埃德温·米尔斯将这种现象称之为郊区城市化。国外多数城市理论家用自然进化论对郊区城市化进行解释,他们认为当就业逐渐集中在一个城市的中心时,围绕着港口或铁路,城市逐渐由内向外发展。为了尽量减少前往中央商务区的通勤成本,首先要开发城市中心区域,中心的土地被填满,城市便向郊区发展。随着郊区新住房的建造,高收入群体能够负担得起更大更现代的住房,而低收入群体只能住在又旧又小的中心住宅,从而产生了郊区城市化现象。20世纪末中国也出现了这种现象,孙洪祥1986年发表的《上海郊区城市化发展的趋势》一文成为中国郊区城市化研究的开山之作,随后国内学者们便在此基础上对郊区城市化这一概念进行了研究并给出了不同的定义。周一星、张水清等人从区域转变的视角对郊区城市化进行定义,认为郊区城市化是城市郊区具有乡村特点的社会区域组织向城市社会区域组织转变的过程,是离心、向心及自身的各种力量综合作用的结果(周一星,1998;张水清 等,2001)。也有学者认为郊区城市化是指城市郊区以小乡镇企业为依托,实现农民职业从第一产业向第二、三产业转换的过程,其内涵可以概括为城市郊区的乡村区域农民的生活方式、思想观念及文化素质等与城市逐渐接近并趋同(邹建平,2007)。但之所以说郊区城市化是不同于乡村城市化的一种新模式是因为郊区介于农村和城市之间,其城市化进程、规模、速度都强于乡村城市化,发展过程也比乡村城市化更加稳定(方振辉,2007)。

随着城市化进程的不断推进,许多国家出现了这样一种现象:城市人口开始由城市中心区域向农村地区回流,导致城市人口不断减少,农村人口不断增加,针对城市人口向农村和郊区迁移的现象,学者们提出了逆城市化概念。所谓"逆城市化”就是指城市人口向小城镇或者农村扩散的过程（阎小培，1990），逆城市化现象最初出现在西方发达国家，如美国和英国。19世纪前后，由于城市人口的快速增加导致这些国家城市规模快速扩张，城市发展畸形，治安混乱，居住在城市的高收入人群开始向郊区和农村迁移并定居，致使城市中心“空洞化”（黄小花，1997）。需要说明的是同样是人口由城市中心向农村和郊区的扩散，但逆城市化并不等同于郊区城市化，郊区城市化出现了产业的转换和区域功能的升级，其结果导致了城市规模扩大，而逆城市化仅仅是人口简单扩散，并未出现产业、身份和社会职能的改变（蒋长流 等，2015）。

新型城镇化是根据中国特有国情所提出的中国城市化发展模式。党的十八大报告提出：坚持走中国特色新型城镇化道路。此后学者们对新型城镇化的概念和内涵进行了深入的探索。有学者认为新型城镇化的“新”就是要把以往以提升城镇化水平为中心转变为以提升城镇化质量为中心，应当更加注重提升城市的文化、公共服务等内涵，使城市真正成为具有高品质的宜居之所（中国金融40人论坛课题组，2013）。还有学者认为积极稳妥地发展中国特色新型城镇化，不仅要着力提高城镇化质量，更要以实现区域统筹、产业升级、生态文明、集约高效、制度创新为重点内容，把有序推进农业转移人口市民化作为重点任务（单卓然 等，2013；王黎明，2014）。此外，新型城镇化更是城乡统筹发展的城镇化，因此不仅要重视大中城市的发展，更要重视小城镇的发展，要充分发挥小城镇在农业现代化发展中的重要作用，实现农业现代化与新型城镇化的协调发展（余欣荣，2013）。总的来说，中国特色新型城镇化的内涵是丰富、饱满和全面的，而不是仅以城镇人口和城市规模作为衡量标准的单一城市化概念。

第三节　城市化水平的度量方式

一、单一指标法

单一指标法是指采用某一主要指标来反映城市化发展水平，目前人口比例是单一指标法中学者们最常用的城市化指标测度方式，而城乡人口的划分标准是否科学直接关系到我国人口城市化水平的高低和有关学术研究成果的价值。面对中国快速增长的城镇人口，中国城乡区域划分标准和城镇人口指标选取受到了学术界的高度关注和争论。

1. 城乡边界的划分方式及发达国家经验

目前国内外对城市地域界定的标准可概括为三种类型，即行政地域、实体地域（或称景观地域）及功能地域。行政地域范围是根据一国的法律和行政建制的有关规定所确定的，如果从政府管理的角度对城乡的空间范围进行界定，要求行政地域的边界要具有一定的稳定性。实体地域范围是指城乡发展的实际范围，可以按照城市发展的特征形态来界定城乡的空间边界，这些特征形态包括城市景观、基础设施及建筑密度等等。而功能地域是指以某一特定时间为周期的具有城市工作、生活、居住、医疗、教育、商业和娱乐等功能的区域所涉及的范围，在国外一般称为大都市区（metropolitan area）（周一星 等，1995；蔡翼飞 等，2015）。伴随着经济社会和城市化的快速发展，我国城市发展日新月异，城市边界更新和调整的频率越来越快，导致城市行政地域难以覆盖城市真实区域。此外，相对于行政地域而言，城市实体地域能更多地反映城市的基本特征，也更能体现城市化的基本内涵，因此，采用实体地域范围作为城乡区域或者城乡人口划分的标准则更为科学准确（江曼琦 等，2015）。

1950 年，美国国情普查局在统计城乡人口时首次使用了“urbanized area”一词作为城乡区域划分的标准，该区域是指包括至少一个大的中心城市和人口密度超过 1000 人/英亩的周边地区，之后，许多国土面积广阔的发达国家划分城乡边界和统计城乡人口时都采用“城市实体地域”概念作为城乡区域划分的标准，但各国对城市实体地域划分的依据有所不同。法国采用城市化建筑物之间的距离作为城乡实体地域划分标准，日本以人口集聚规模（人口规模超过 50000 人的市）和建筑密度（区域内建筑密度在 60%以上）来界定城乡实体地域，美国将城市划分为城市化区和城镇点两个区域，城市化区以人口密度和城市景观作为城市区域划分标准，城镇点则为人口规模大于 2500 人的定居点（蔡翼飞 等，2015），意大利、荷兰直接将城市人口与城市行政辖区相对应，并设定 10000～20000 人的人口规模下限。总结这些国家对城乡界定的标准主要有以下特点：行政地域、实体地域（包括人口聚集规模和建筑物密度等），其中实体地域是界定的重点（张立，2011）。发达国家建立城乡实体地域概念能够避免出现城镇人口统计混乱的局面，有助于实现城镇人口和空间划分的统一。

2. 中国城镇人口统计标准及问题

自新中国成立以来我国一直采用行政地域或行政地域＋实体地域作为城乡区域（人口）划分的标准。图 1.1 为我国城镇体系空间行政单元分解图，城镇既是一个行政区域，又是一个实体空间。从行政意义上来说，市级政府所管辖的区域不仅包括实体范围内的城区，还包括市政府所管辖的县，而在县区内又包含着镇和农村，除此之外城镇中还存在着独立矿工等一些特殊区域，但是这些区域数量较少。

因此，从行政级别来看，城市则可划分为直辖市、地级市和县级市三个等级，从目前的来看，直辖市和地级市都设有一个以上的市辖区，而县级市又和市辖区同级。城市空间中居委会和村委会是最基本的行政单元，因此我国城镇人口的划分标准是：如果某个村委会或居委会被划定为城区或镇区的管辖之内，则该村委会或居委会管辖的人口则被划定为城镇人口（蔡翼飞 等，2015）。但不管以行政地域还是实体地域作为城乡区域划分的依据都要设定严格划分标准。表1.1为历次我国人口普查时城镇人口统计口径和城乡区域划分标准的变化，从表中可以看出，我国对于市镇设置和行政范围标准改动频繁，导致我国城镇人口的统计口径也频繁发生变化。例如，在1953年第一次人口普查时采用市镇辖区内总人口作为城镇人口的统计指标，而在1964年第二次人口普查时又采用市镇行政辖区内的非农业人口作为城镇人口的统计指标，相较于1953年而言城镇人口统计口径偏小，但是两次普查均采用行政地域范围作为城镇划分标准，到了2000年第五次人口普查中时采用了行政地域+实体地域相结合的统计标准，但在统计过程中以城市地域为基本单位的街道和镇所管辖的区域延伸到了周边的村委会驻地，对城镇人口数据有高估之嫌（张立，2011）。由此可见我国城乡地域划分缺乏统一标准，在城镇人口统计指标的选取上也较为主观，这种做法不仅加剧了城市地域概念的混乱，也致使我国城镇人口统计始终陷于一种口径非宽即窄，数据忽高忽低的困境（周一星 等，1993）。

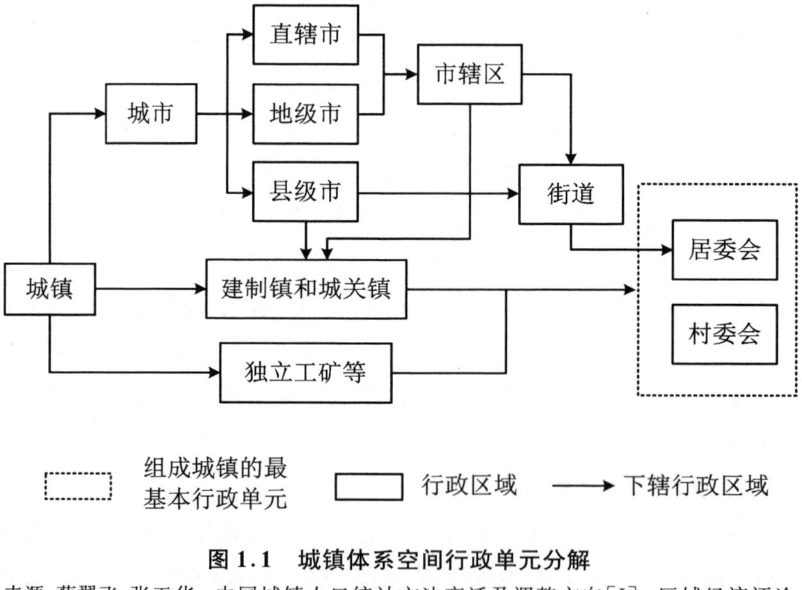

图1.1　城镇体系空间行政单元分解

资料来源：蔡翼飞，张玉华. 中国城镇人口统计方法变迁及调整方向[J]. 区域经济评论，2015(6)：32-39.

表 1.1　中国城乡区域划分标准和城镇人口统计口径的变化

年份	文　　件	城　镇　人　口	统计上划分城镇的标准
1953 年	第一次人口普查	市镇行政辖区总人口	行政地域
1964 年	第二次人口普查	市镇行政辖区内非农业人口	行政地域
1982 年	第三次人口普查	市镇行政辖区内总人口	行政地域
1990 年	第四次人口普查	设区的市采用总人口，不设区的市和镇采用街道或居委会人口	行政地域
2000 年	国家统计局《关于统计上划分城乡的规定(试行)》(第五次人口普查)	城镇范围内常住人口	行政地域＋实体地域
2008 年	《统计上划分城乡的规定》(第六次人口普查)	居住在城区、镇区及其他类型城镇区域的常住人口	行政地域＋实体地域
2020 年	《统计上划分城乡的规定》(第七次人口普查)	居住在城区、镇区及其他类型城镇区域的常住人口	行政地域＋实体地域

3．城市实体地域范围测度方式的选择

我国以行政地域概念为基础的人口统计带来了诸多问题，不仅造成国内城市理论研究数据的混乱，国外学者也常采用“riddle”“enigma”(谜)等词来对我国城镇人口的统计加以质疑(Orleans et al.，1984)。因此，有必要建立一种科学、规范、可操作的城市化测度方法，来真实反映我国城市化发展情况，从而为我国城市化理论研究提供科学、规范的研究基础。一部分学者建议采用城市实体地域作为城乡人口划分的标准。周一星、史育龙(1993)提出了确定城市实体地域范围应遵循的四大原则，即科学性原则、简单易行原则、可操作性原则和可识别性原则，每项原则所包含的具体内容如图 1.2 所示。并在此原则上进一步指出，在统计指标的选取上要具有明显的城乡区别特征，例如产业类型、区域职能、人口规模、物质构成等，而人口规模、非农业人口比重和人口密度是定义城市实体地域最基本、最直观和最适宜的指标。在人口规模上，建议 6 万人以上的城市建成区划定为近城区，2000 人以上的城镇建成区划定为近镇区；在非农人口比重和人口密度上，建议近城区范围内非农业人口比重不低于总人口的 70%且人口密度不低于 2000 人/km^2。江曼琦等(2015)认为随着边界的不断调整，城市实体地域难以体现真实的城市化状态，采用城市实体地域概念更为准确。文章进一步从城市社会、经济和环境三个方面对城市特征进行深入解读，认为不管是从社会学、经济学还是环境学的角度去定义城市，所有的城市都具有一个普遍的特征，即人口和经济活动在空间上的集中，因此从聚集的角度定义城市实体地域基本上满足了城市所具备的特征，而人口密度和人口规模是体现集聚的最佳指标。通过此方法江曼琦等人对我国主要城市化地区进行测度，认为在人口密度达 1500 人/km^2 和人口规模达 2000 人以上的地区具有高度聚集的特征。还有部分学者在城市实体地域概念基础上建议以村委会和居委会为基本单元划分城乡区域。惠彦等(2009)提出以村委会和居委会作为统计单元，以建设用地面积占总面积之比作为主要指标、以人口密度作为次要指标，并结合地块之间的连接状况判别城乡区域并核定城镇人口，具体划分标准为：城镇建成区要求建设用地达 50%以上，且接连地块人口密度为平均人口密度的 1.5 倍以上，城镇边缘区要求要与城镇建成区相连，且建设用地面积为 30%以上，其他区域为则划定为农村区域。张立(2011)认为"空间"仅仅是城市化的一个属性，而城市化的社会和经济内涵更加重要，因此，城镇人口统计应当在城市实体地域的划分标准之下进一步改善。考虑到村委会和居委会作为农村和城市最具代表性的两个基本空间单元，以村委会或居委会常住人口作为城乡人口划分标准更加简单易行。

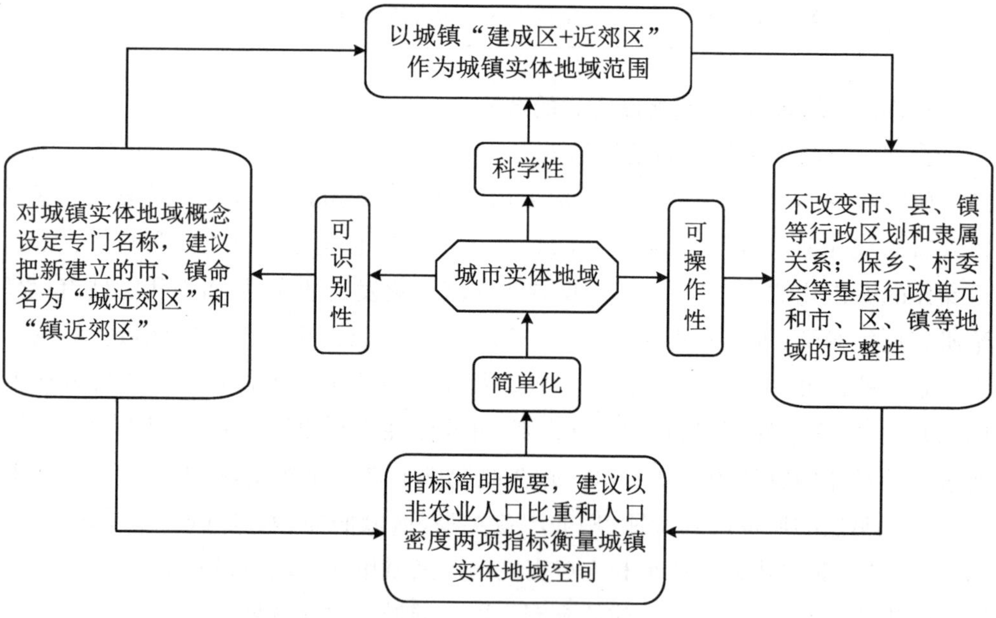

图 1.2　确定实体地域范围的原则

资料来源：周一星，史育龙．解决我国城乡划分和城镇人口统计的新思路[J]．统计研究，1993，10(2)：55-61．

二、复合指标法

事实上，城市化不仅仅表现为人口的变动，伴随着城乡人口的流动，城市面貌、社会环境、产业结构及居民生活质量等都发生了巨大变化，因此仅从人口的角度衡量城市化水平并不能反映城市化发展的真实状况及丰富内涵。因此，诸多学者认为，应当建立一组指标体系，综合测度城市化发展水平。

1. 指标选取

关于城市化综合评价指标的选取主要涉及城市化内涵问题，国外学者 A. Serda 最早在《城镇化基本理论》一书中探讨城市化的内涵就已指出，城市化应当与工业化协同发展，城市化不仅包含人口分布问题，还涉及产业结构和就业率等。事实上，城市化不仅是人口迁移带来经济社会的发展，也意味着生活方式由乡村到城市产生的质变（Kuznets，1985；Wirtih et al.，1989）。坎贝尔（1976）则从心理学的角度出发，强调城市化过程中给人带来的整体幸福感，并进一步用主观生活指标对城市化内涵进行了解释。受坎贝尔心理城市化观点的影响，西奥多·舒尔曼等（1994）将城市化的内涵上升到居民生活质量的提升，其内容不仅包括了经济、社会，还涉及文化、科技、教育、外交、安全、福利、卫生等领域（何文举，2014）。由此可见，早期国外学者对城市化内涵的界定就已经包括了人口、经济、社会和生态等方面。

同样，国内学者对城市化指标的选取也包含着同样的内涵。郑文升等（2007）认为城市化水平综合评价指标的选取不仅要科学合理，还要考虑到城市之间的对比性，因此从人均、结构、密度和速度四个角度选取指标，具体包括：空间集聚、经济质量、社会发展以及基础设施和生态环境；陈明星等（2009）认为构建城市化综合评价指标能够全面、完整地检测城市化发展进程，且综合指标的选取能够说明人口城市化与经济结构、城市景观及生活方式等协同发展的状况，因此，建议采用人口城市化、经济城市化、土地城市化和社会城市化四个指标来系统、全面、完整、科学地反映城市化内涵；韩增林等（2009）通过对当前中国城市化发展现状进行分析，认为面对中国城市化进程中人地矛盾、农民工就业、环境污染、城市破坏、城乡差距扩大及城市二元结构等问题的出现，我们不仅要关注城市进程中农村人口的转移问题，更应该关注城市化质量的提高。因此，从城市化质量的内涵出发，构建了包括经济发展、基础设施、就业、居民生活、社会发展、生态环境、用地质量、创新质量和城乡统筹等十个方面测算中国城市化综合发展水平；张樨樨（2010）认为城市化是农村人口不断转移、科技水平不断提高、经济水平不断提升、城市基础设施建设不断完善以及环境改善和保护意识逐渐增强的过程，因此从人口城市化、经济城市化、生活城市化、环境城市化和科技城市化五个角度构建城市化水平综合测度指标；方创琳等(2011)认为高质量城市化发展水平应当是经济城市化、社会城市化和空间城市化的有机统一。因此，从经济、社会和空间三个维度构建了城市化水平综合测度指标；杨贵军等(2015)认为城市化是人口、经济、社会和生态综合发展的过程，因此选取人口城市化、经济城市化、社会城市化和生态城市化四个潜在变量对中国城市化水平进行综合测度；蓝庆新等(2017)通过构建城市化发展质量指数、城市化效率指数和城市化协调指数三大类指标对我国城市化综合发展质量进行测度。其中，城市化发展质量指标包括经济发展质量、社会发展质量和生态发展质量三个方面，城市化效率指数包括经济社会效率、生态环境效率两个方面，城市化协调指数包括同步协调和城乡统筹两个方面。

2. 测度模型

国内学者城市化水平综合测度较为常用的方法主要有因子分析法、熵值法、均方差赋权法、主成分分析法和线性加权和法。

(1) 因子分析法。因子分析法是指将多个变量综合为几个主要变量，并且能够尽可能地保留原来多个变量所反映出的信息，因此，采用因子分析法能够对我国城市化水平综合指标进行测算(方世明 等，2010)。其测算的具体步骤为：首先，因子分析法要求各变量之间具有相关性，所以要用计量软件对各指标之间的相关性进行检验，通常采用的是 KMO 检验和 Bartlett 检验(姚小剑 等，2017)。当 KMO 检验统计量取值在 0.6 和 1 之间，Baetlett 检验对应的 p 值小于 0.01 时适合采用因子分析法。其次，采用主成分分析法，按照特征值大于 1 的方法提取 m 个公共因子。最后，用因子得分系数乘以各指标标准化后的数值可得各因子得分函数：

$$f_i = a_1 x_{i1} + a_2 x_{i2} + a_3 x_{i3} + \cdots + a_n x_{in}, \quad i = 1,2,\cdots,m \tag{1.1}$$

式中，f_i 为各因子得分函数，a_n 为各因子得分系数，x_{in} 为各指标标准化后的数值，n 为指标个数。从而，根据各因子函数可求得总因子得分：

$$F = \frac{\lambda_1}{\lambda_1 + \lambda_2 + \cdots + \lambda_m} f_1 + \frac{\lambda_2}{\lambda_1 + \lambda_2 + \cdots + \lambda_m} f_2 + \cdots + \frac{\lambda_m}{\lambda_1 + \lambda_2 + \cdots + \lambda_m} f_m \tag{1.2}$$

式中，λ_1 至 λ_m 分别为 m 个公共因子的特征值。

(2) 熵值法。熵值是体现数据系统结构性和差异性的重要指标，熵值越大系统结构越均衡，差异性越小，反之则说明系统结构不均衡，差异性越大。熵值法不仅能够避免人为确权的主观性，也能消除各指标数据之间的信息重叠(韩增林 等，2009)。因此，熵值法成为学者们较为青睐的测度方法。其测算方法如下：

第一步，标准化处理。由于量纲的不同可能导致各指标之间数值差别较大，因此采用熵值法测算之前需对各项指标进行标准化处理，正向指标(即数值越大对系统发展越有利)的标准化方式为：

$$s_{ij} = \frac{x_{ij} - \min_{ij}}{\max_{ij} - \min_{ij}} \tag{1.3}$$

负向指标(即数值越大对系统发展越不利)的标准化方式为：

$$S_{ij} = \frac{\max_{ij} - x_{ij}}{\max_{ij} - \min_{ij}} \tag{1.4}$$

式中，x_{ij}为第i区域第j个指标原值，$\min_{ij}$和$\max_{ij}$为该指标中的最小值和最大值，s_{ij}为标准化后的数值，则有$0\leqslant s_{ij}\leqslant 1$。

第二步，计算各指标的熵值：

$$e_j = -\frac{1}{\ln n}\sum_{i=1}^{m} p_{ij}\ln p_{ij}, \quad 0 \leqslant e_j \leqslant 1 \tag{1.5}$$

式中，e_j为熵值，n为区域个数。

第三步，计算各指标的权重：

$$w_j = \frac{d_j}{\sum_{j=1}^{n} d_j} \tag{1.6}$$

式中，$d_j = 1 - e_j$为数据冗余度，即各指标之间的信息重叠度。w_j为各指标权重，n为指标个数。

第四步，城市化综合发展水平。由各指标权重我们即可得到各个区域城市化水平的综合发展指数u_i：

$$u_i = \sum_{j=1}^{n} w_j s_{ij} \tag{1.7}$$

(3) 均方差赋权法(梁振民 等，2013)。在多指标综合评价体系中，权数的确定具有重要意义，对最终的评价指标有着直接的影响。根据原始数据的来源不同可分为主观赋权法和客观赋权法，一般来说，主观赋权法多根据专家的经验对指标进行赋权，客观性较弱，而客观赋权法是根据数据的属性进行计算和处理形成，因而客观性较强(王明涛，1999)。而均方差赋权法就是客观赋权法的一种。其具体计算方法如下：

第一步，数据标准化处理。设n为评价方案个数，m为评价指标个数，在城市化水平综合指标测度中，n通常代表区域个数，m代表指标个数。然后构建一个决策矩阵$\boldsymbol{W} = (w_{ij})_{n\times m}$，其中，$0\leqslant i\leqslant n$，$0\leqslant j\leqslant m$，$w_{ij}$为第$i$个方案中第$j$个指标值。通常指标可分为成本型和效益型，而由于各指标之间的量纲、数量级及指标的正负向都不同，因此需要对指标进行标准化处理(梁振民 等，2013)。标准化处理方式同熵值法相同，这里不再赘述。

第二步，计算指标权重。采用均方差进行权重赋值，需要取出随机变量的方差值，然后对其进行归一化处理（孙平军 等，2012）。具体处理方法如下：

首先求随机变量的均值：

$$E(w_i) = \frac{1}{n}\sum_{i=1}^{n} w_{ij} \tag{1.8}$$

然后求指标 w_j 的方差：

$$\sigma(w_j) = \sqrt{\sum_{i=1}^{n} (w_{ij} - E(w_i))^2} \tag{1.9}$$

最后，求指标 w_j 的权重系数：

$$\lambda_j = \frac{\sigma(w_j)}{\sum_{j=1}^{m} \sigma(w_j)} \tag{1.10}$$

第三步，计算城市化水平综合得分：

$$U = \sum_{j=1}^{m} w_{ij}\lambda_j \tag{1.11}$$

（4）线性加权和法。线性加权和法就是主观赋权法的一种，通过专家对各指标进行经验赋权，获得权重系数，然后再将各指标进行线性组合得到城市化水平综合指数（薛俊菲 等，2010）。具体计算步骤为：首先，构建一个概念模型 $UI = (X_1, X_2, \cdots, X_n)$，其中，UI 代表综合指数，$n$ 为指标个数。其次，采用加权法进行线性组合：

$$UI = w_1 X_1 + w_2 X_2 + \cdots + w_n X_n \tag{1.12}$$

式中，$w_i (i = 1, 2, 3, \cdots, n)$ 为各指标权重。最后，通过咨询专家获得各权重系数并计算出 UI。

从以上几种城市化水平综合评价指数的测度方法可以看出，线性加权和法属于主观赋权法，采用主观赋权法对城市化综合指标测算方法较为简单，但是对于各指标权数的获取需要向经验丰富的专家咨询，因此主观性较强。而因子分析法、熵值法和均方差赋权法等都属于客观赋权法，对于采用客观赋权法需要对数据进行严格处理，并且计算过程较繁琐，但是采用这种方法避免了人为确权的主观性，增加了测算结果的可信度，因此是目前学者们采用较多的一种方法。

第四节 城市化非均衡发展程度及其影响因素研究

一、城市化区域非均衡发展程度的相关研究

区域发展的差异一直贯穿于现代经济社会发展的始终，从工业革命时期的英国到20世纪中期的日本和法国，区域发展政策也一直成为推动一国经济社会发展重要手段（张立，2010）。经济基础和资源禀赋的差异致使我国区域发展差异明显，而非均衡的区域发展政策进一步加剧了区域经济社会的不平衡发展程度（Fan et al.，2008；UNDP，2009）。国外关于区域发展差异的研究成果颇为丰硕，包括区域经济发展水平的差异、区域人均收入的差异以及区域消费水平的差异等等（Lee，2000；Chan，2008）。但是却极少有学者从城市化的角度考察区域差异。中国的"十二五"规划进一步将促进区域协调发展和城镇化健康发展作为重点发展战略，由此可见，区域经济和区域城市化对于新时代中国全面建成小康社会具有同等重要的位置。随着区域城市化非均衡发展程度日益严重，国内学者们对区域城市化非均衡发展问题的关注也越来越多。对我国区域城市化差异研究具有开拓性的是学者周一星1983年在《城市规划》中发表的一篇文章，周先生采用不平衡发展指数对我国城镇化的区域差异进行测算，认为我国城镇化的地域差异与我国区域的发展条件基本上是相适应的，即从宏观角度来看我国区域城镇化发展是均衡的，而从区域的角度来说，我国东部、内地和边缘地区城镇化水平还存在着区域差异。后来，随着城市化水平的不断发展以及统计数据的不断完善，2000年以后，国内掀起了一股城市化区域差异研究的热潮，不仅诞生了大量的研究成果，而且评估城市化区域非均衡发展程度的手段和方法也逐渐多样化，各阶段性成果如表1.2所示。综合已有研究来看，学者们对中国城市化区域非均衡发展的研究方法从对主要指标的描述性分析逐渐过渡到指数测算和图表分析，对于研究的区域范围也从全国逐渐缩小至省（区、市）甚至是城市区域。但从研究的结论来看，有些学者的意见并未达到统一，例如蒋耒文等（2001）认为改革开放后，我国区域城市化差异程度在逐渐增大，而张立（2010）则认为1980—2000年我国城市化水平差异程度在逐渐缩小，产生差异的原因可能与学者所采用的指标数据和研究方法不同有关。但可以肯定的一点是，不管从东、中、西三大区域的角度，还是从省域和市域的角度来说，我国区域城市化水平差异问题是事实存在的。

表 1.2　中国区域城市化非均衡发展研究的代表性成果

学者	时间	研究阶段	研究方法	主要结论
蒋耒文等	2001 年	改革开放前 30 年和改革开放后 20 年	统计描述 对比分析	改革开放前，区域城市化水平差异在逐渐缩小，改革开放后呈相反的变化趋势
张善余	2002 年	1990—2000 年	统计描述 对比分析	城市化水平东部沿海地区最高，中部次之，西部最低，区域差异较为明显
刘盛和等	2003 年 2004 年 2007 年	1990—2000 年	统计描述 人口区位商	城市化区域差异极为明显，1990—2000 年，中国城市化水平的省际差异由原来的北高南低向东高西低的态势转变
沈健法	2005 年	1982—2000 年	描述性分析	我国东西部城市化水平差异逐渐增大
刘耀彬等	2005 年	1985—2002 年	描述性分析	城市化水平省际差异明显
文余源	2005 年	1996—2002 年	锡尔指数	区域城市化水平非均衡问题严重，但整体呈现出下降趋势；东、中、西三大地带城市化水平差异明显
李震	2006 年	1990—2000 年	统计描述 实证分析	省区间城市化进程差异较大，城市化区域非均衡现象明显
薛俊菲等	2010 年	2007 年	ArcGIS	以城市为基本单位，认为我国市域城市化综合发展水平由东北向西南地区逐渐递减
张立	2010 年	1980—2008 年	基尼系数 锡尔指数	中国城市化水平的区域差异程度逐渐缩小，东、中、西三大区域间的差异更加明显
王洋等	2012 年	2008 年	空间自相关	以县域为基本单位，认为中国人口城市化水平由北向南逐渐降低
臧锐等	2013 年	2000—2011 年	ArcGIS	以吉林省为研究对象，认为吉林省城市化水平呈现出中高周低的分布格局

续表

学者	时间	研究阶段	研究方法	主要结论
王新越等	2014年	2012年	图表	以山东省为研究对象，认为山东省各城市之间城市化水平差异较大，具体表现为东部沿海地区高于西部地区，北部地区高于南部地区
张跃胜	2017年	2003—2012年	锡尔指数 基尼系数	东部地区城市化水平明显高于中、西部地区，而中部和西部地区之间的差异较小
陈利等	2017年	1995—2013年	基尼系数 核密度估计	人口城市化区域非均衡发展程度在逐渐缩小，区域内非均衡程度表现为东部最大、中部最小、西部次之
蓝庆新等	2017年	2003—2014年	统计描述	我国新型城镇化质量呈现出东高西低、沿海高于内陆的差异性特点
李久枫等	2018年	2006—2014年	ArcGIS 聚类分析	以广东省为研究对象，认为广东省各区域城市化水平存在差异，珠三角及其辐射区域城市化水平较高

二、城市化区域非均衡发展的影响因素的相关研究

1．经济发展水平与区域城市化非均衡发展

学术界普遍认为各地区经济发展水平的差异是中国城市化区域非均衡发展的主要原因。事实上，城市化并不是简单的城乡人口转移，而是意味着国民经济的增长模式、居民的生活形态和生活意识所发生的重大改变（刘婧 等，2008）。所以，在中国的城市化进程中，经济社会发展水平始终与城市化水平是紧密联系的（蒋耒文等，2001）。最初有关城市化与经济社会发展之间的关系研究起源于发展经济学中城乡人口转移模型和内生经济增长理论模型。威廉姆森（Williamson，1988）指出，城市化的发展源于农村剩余劳动力的增加和城市经济发展的双重推动作用。后来，托达罗（Todaro，1969）从城乡收入差距和城市就业率的角度解释了农村剩余劳动力转移的原因，并形成了著名的二元经济理论，为城市化发展理论奠定了基础。二元经济理论模型虽然很好地解释了农村剩余劳动力产生的原因，但却未对经济增长和城市化可持续发展问题进行说明。传统的经济增长理论研究表明，如果生

产要素是边际报酬递减的，那么一个国家的经济增长将会停止(夏翃，2008)，城市化进程也将终止。但是，新古典经济增长理论的诞生证明了经济增长是可持续的。索洛(Solow)和斯万(Swan)的新古典经济增长模型在保留了传统要素投入规模报酬递减的前提下，将外生的技术进步解释为经济持续增长的源泉。新古典经济增长理论解释了技术进步对经济增长的推动作用，却忽视了技术进步带来的经济的空间集聚和人力资本的积累，而这恰是经济增长推动城市化进程的重要原因。后来，国内外学者针对经济增长与城市化发展之间的关系也进行了大量的实证研究。例如，美国地理学家贝里(1965)通过对95个国家的43个经济变量进行主成分分析，证明了经济增长与城市化之间的相关关系。钱纳里(1998)等人进一步通过散点图验证了地区城市化水平与人均GDP存在明显的正相关关系。保罗·贝洛克(Bairoch Paw，1991)以人均GDP为衡量指标探讨了经济总量与城市化之间的关系，认为各区域城市化进程差异的60%～70%是由区域经济发展的差异所引起的。费南·亨德森(Vernon Henderson，2000)具体地计算出了世界各国的城镇化率与人均GDP之间的相关系数高达0.85。国内学者朱孔来等(2011)利用我国31个省(区、市)的人均GDP与城市化率的面板数据，实证分析得出我国城市化进程与经济发展水平之间存在长期稳定的均衡关系。

综合以上研究可以得出一个重要的推论，即经济发展水平的区域差异与城市化发展的区域差异也具有很强的相关性。事实上，国内学者的许多研究也已证实了这一点。刘盛和(2004)通过对我国各省区经济发展水平对城市化拉动效应的差异性进行对比分析，认为经济增长对城市化水平的拉动效应在东南沿海地区较高，而在东北和西北部地区较低，因此，经济发展水平的区域差异是造成城市化水平区域差异的重要原因。张立(2010)通过对区域经济发展的泰尔指数和区域城市化泰尔指数的相关性进行检验，结果表明在1980—2000年，区域经济发展水平的差异系数和区域城市化水平的差异系数具有相同的变化趋势。刘耀彬等(2005)、张妍(2013)通过因子分析法实证检验了经济发展水平对区域城市化水平的影响，结果表明经济发展水平区域差异是造成城市化水平区域差异的重要原因。

2. 产业结构变迁与区域城市化非均衡发展

产业结构变迁对城市化发展具有积极的推动作用。钱纳里(Chenery，1988)、库兹涅茨(Kuznets，1989)等人的早期研究成果表明，当产业结构由第一产业向第二、三产业转变的同时，会促进工业和服务业的发展，从而增强城市对劳动力和资本的吸引和容纳强度，促进城市化水平的提升。从本质上来说，就业环境和收入水平的差异是农村劳动力人口转移的一个重要原因(程必定，2004)，而产业结构的不断调整使得城市恰好具备了这种市场接近效应和生活成本效应的比较优势(安虎森，2011)，即城市二、三产业的不断发展创造出了更多高收入的就业岗位，从而吸引了大量农村剩余劳动力流入城市，促进了城市化水平的提升(曹宗平 等，2015)。从目前我国产业结构发展状况来看，各地区也存在着明显的区域差异。余典范(2003)、陈军(2007)通过聚类分析法将我国31个省(区、市)产业结构水平进行分类，结果表明，我国各地区产业结构发展很不平衡，当北京、上海等东部沿海地区处于后工业化阶段的时候，中、西部地区的多数省(区、市)还处在工业化起步阶段。而区域产业结构的差异是造成区域城市化非均衡发展的一个重要原因(秦佳 等，2013；魏丽莉 等，2014)。

3. 区域政策与区域城市化非均衡发展

区域政策对我国城市化的空间格局具有深刻的影响(张立 等，2009)，刘盛和等(2007)、张立(2010)等将改革前后我国的宏观区域政策总结为4次重大调整。第一次是改革开放前，为了扭转东部地区发展过快的不平衡局面所采取的东部抑制和西部刺激政策，这一政策的实施缩小了东部与其他地区城市化水平之间的差距；第二次是20世纪80年代实施的沿海倾斜政策，对东部沿海地区实行优惠政策、投资倾斜以及对外开放等，促进了东部地区的率先发展和城市化水平的提升；第三次是20世纪90年代，针对日益扩大的区域差异提出的东、中、西三大区域协调发展战略，该政策的实施缩小了各区域发展水平的差异，使得三大区域城市化水平之间的差异相对缩小；第四次是在2000年以后，国家陆续推出西部大开发(2000)、东北振兴(2003)和中部崛起(2004)等区域发展战略，再次缩小了各区域发展之间的差异(刘盛和 等，2007；张立，2010)。说到底，区域政策的实施是在效率与公平之间所做的一项抉择。若兼顾效率，即采取非均衡的区域政策就会导致更多的资本和要素流入经济条件发达，资本收益更高的东部沿海地区。若兼顾公平，即采取均衡的区域政策，就会使经济资源分散，从而增加了经济效益的损失。所以说均衡的区域政策有助于减小东、中、西三大区域城市水平的差异，而非均衡的区域政策则会扩大各区域城市化水平的差异(潘孝军，2006)。

4. 其他因素与区域城市化非均衡发展

部分学者从其他角度对城市化区域非均衡发展的影响因素进行了探究。例如，郑勤华等(2003)从人力资本角度考察了城市化水平区域差异产生的原因，认为人力资本投入对城市化发展具有非常重要的作用，而中国区域间人力资本差异较大。刘盛和等(2007)、汪段泳等(2007)、王家庭等(2009)认为区域间自然条件的差距会对区域城市化非均衡发展产生影响，具体表现为：东部沿海地区地理条件优越，城市化水平也就越高。S. Cao等(2104)的研究结果进一步表明城市的位置和大小是影响区域城市化不平衡发展的关键因素，东部地区由于受到更多政策支持，经济、教育和基础设施等发展更为迅速，城市化水平也较高。刘耀彬等(2005)认为除了经济、社会和自然环境等因素外，技术水平也是导致城市水平区域差异的重要原因。魏丽莉等(2013)从动力机制角度,利用多元回归模型检测市场化水平、产业发展、比较利益和开放水平四个动力因子对城市化区域差异的影响,结果表明四个动力因子均对城市化水平产生一定的影响。刘瑞明等(2015)从中国的所有制结构入手,考察地区之间城市化水平差异的原因,研究发现:所有制是影响城市化水平的关键因素,原因在于国有企业产值较高,对劳动力吸纳能力较小,会导致城市化水平滞后。

第五节　城市化理论概述

一、工业化与城镇化互动发展的相关理论

1. 刘易斯的二元结构模型

1954 年,刘易斯在《劳动无限供给条件下的经济发展》一文中提出了“二元结构发展模式”,即在发展中国家中存在着两个性质完全不同的部门:一个很强大的传统部门和一个很弱小的资本主义部门。刘易斯二元经济理论模型的核心思想概括起来可总结为以下两点:

第一,传统部门和资本主义部门存在着要素不对称问题,传统部门用非再生性土地作为生产要素,资本部门用再生性资本作为要素,而两个部门要素的价值都是依靠劳动力来实现和转移的,劳动力成为两部门唯一的共同要素。由此可以看出,这两个部门实际上就是指发展中国家的农村部门和城市部门。

第二,在这样一个两部门封闭的经济体中,传统部门生产率很低甚至接近于零,而资本主义部门生产技术先进,其生产效率远高于传统部门。因此,在传统农业劳动边际生产率为零的情况下,其劳动者收入水平就会很低,该部门劳动力减少也不会对生产总量产生影响。而资本主义部门通过工业的不断发展获得了资本积累,其生产规模不断扩大,从而吸引了大量农村剩余劳动力的转移。

刘易斯劳动力转移的具体过程如图 1.3 所示,图中横轴为劳动力供给,纵轴为劳动的边际产品或者工资。刘易斯将农村剩余劳动力转移分为两个阶段:

第一阶段为图中的 *WS* 阶段,此时劳动力是无限供给的,因此,资本主义部门的劳动力供给是一条与横轴平行的直线。即劳动的边际供给弹性无限大。所以,当资本主义部门只用资本和劳动力作为生产要素时,资本相对于劳动力来说是稀缺资源,当有一批固定数量的资本投入时便会有一条特定的劳动边际生产率曲线

与之对应，如图 1.3 所示，资本主义部门投入的资本数量为 k_1 时，对应的劳动生产率曲线为 $D_1(k_1)$，它是一条向右下方倾斜的曲线，即当劳动力数量增加时，劳动的边际产出递减。为了追求利润最大化，资本主义部门会在劳动边际产量等于工资时进行生产（F 点），此时的劳动数量为 OL_1，最大产量为 OL_1FD_1，劳动者的工资为 OL_1FW，资本主义部门获得的利润为 WFD_1。利润被作为资本继续投入生产，当资本的投入量增加到 k_2 或者 k_3 时，对应的劳动边际生产率曲线分别为 $D_2(k_2)$ 和 $D_3(k_3)$，雇佣的劳动数量也相应地增加到 OL_2 和 OL_3，此时的总产量和利润进一步扩大，由此，资本主义部门获得资本积累，规模不断扩大，对劳动力的吸收能力则逐渐增强，直到农村剩余劳动力完全转移，此时资本主义部门的发展进入到第二阶段。

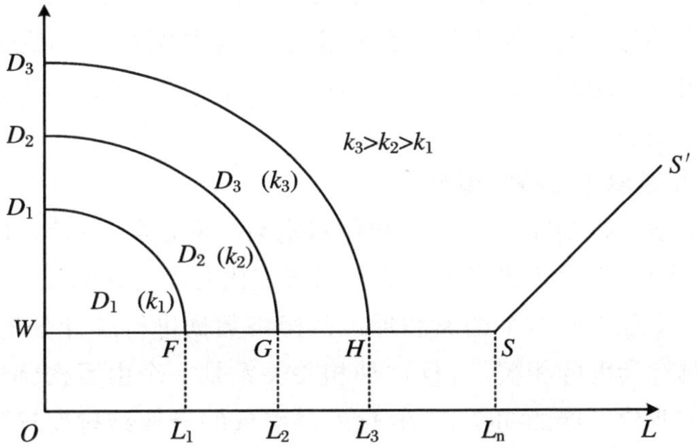

图 1.3　农村剩余劳动力转移过程

资料来源：刘易斯《劳动无限供给条件下的经济发展》。

第二阶段为劳动力稀缺阶段，此时的劳动力供给曲线是一条向右上方倾斜的直线，如图中 SS'。刘易斯认为此阶段古典经济理论已经不再适用了，此时的资本和劳动都是稀缺的，工资水平也不会一成不变，是会随着劳动供给数量的增加而增加。

综上可知，刘易斯认为二元经济发展的核心问题是农村剩余劳动力的无限供给和转移，资本主义部门通过工业化的不断发展获得资本积累，吸收大量农村剩余劳动力，引发产业结构变迁与升级，最终经济结构由二元转变为一元，从而经济发展得以实现，城市化水平也得以提高（李晓澜，2004）。但是刘易斯提出的劳动力无限供给以及农业的劳动边际产出为零的假设是不符合实际的，而且他也忽视了技术进步在传统部门和资本主义部门发展中的重要作用，因此，该模型也引发了许多的争议与批评。

2. 费景汉-拉尼斯模型

费景汉和拉尼斯在刘易斯的观点上，对二元经济理论进行了修正和改进，他们认为在大多数发展中国家根本没有无限供给的剩余劳动力，因此农产品边际产量不可能为零，这也就意味着当劳动力从传统部门转向资本主义部门时，农产品产出必定会下降，从而导致农产品价格上涨，资本主义部门的工资水平也会随之增加。从而费景汉和拉尼斯认为农业生产率的提高而产生农产品剩余是农业劳动力进入资本主义部门的决定性条件，在存在隐藏性失业的情况下，农业生产力的提高是将农业劳动力转移到资本主义部门，把经济重心从传统部门逐渐转向资本主义部门重要力量。

费景汉-拉尼斯模型提出了农业剩余在工业发展中的重要作用，并认为人口增长、技术进步以及工业部门的资本积累是经济增长和二元结构转化的重要条件。这些观点的提出都是对刘易斯模型的突破和完善，但是费景汉-拉尼斯模型仍然沿袭了刘易斯提出的传统部门存在着劳动边际生产率为零的假设，因此并未完全克服刘易斯模型的缺陷。

3. 钱纳里和塞尔昆结构转变理论

著名的经济学家霍利斯·钱纳里和莫尔塞斯·塞尔昆（1975）在其著作《发展的格局：1950—1970》中明确提出了工业化与城市化发展之间的互动关系。钱纳里和塞尔昆通过对全球100多个国家和地区的经济数据进行统计分析发现，工业化与城市化之间具有高度的相关性，且这种相关关系是一个由紧密到松弛的不断变化的过程。在工业化发展的初期，工业化发展引致的产业结构变迁促进了城市化的发展。当工业化水平和城市化水平达到13%以后，工业化发展速度开始滞后于城市化发展速度。而到了工业化发展后期，制造业产值占GDP的比重逐渐下降，工业化对城市化发展的推动作用也逐渐减小。

钱纳里和塞尔昆的结构转变理论为不同国家和地区的工业化与城市化发展之间的关系是否协调提供了一个参考标准，同时对工业化与城市化互动关系研究也具有重要的参考价值。但是二人在研究过程中只探讨了工业化对城市化的推动作用，却未考虑到城市化对工业化发展的影响，因此未能体现出二者的互动关系。

4. 托罗达人口流动模型

托罗达认为城乡之间的预期收入差距是决定农村劳动力迁移城市的主要动机，因此，城乡流动人口的规模是预期收入差距的增函数，即城乡收入差距越大，农村迁移城市人口的规模越大，因此，两者之间的关系可表示为

$$M = f(d), \quad f' > 0 \tag{1.13}$$

式中，M 为农村流入城市的人口规模，d 为城乡预期收入差距，$f' > 0$ 表示城乡人口流动规模是城乡预期收入差距的增函数。城乡预期收入差距 d 为城市部门预期

收入减去农村部门的预期收入，即

$$d = w\pi - v \tag{1.14}$$

式中，v 为农村部门未来某年的实际收入，w 为城市部门未来某年的实际工资率，π 为当年城市部门的就业率。由于失业在发展中国家普遍存在，因此在任何时期，城市部门就业概率都是由该城市当年的就业机会和失业人数所决定的，用公式表示为

$$\pi = \frac{\gamma N}{S - N} \tag{1.15}$$

式中，γ 为城市部门的工作创造率，其值等于城市部门产出增长率减去劳动生产率，S 为城市部门总劳动力数量，N 为城市部门总就业人数。则预期城乡收入差距的净贴现值为

$$V(0) = \int_0^n [p(t)Y_u(t) - Y_r(t)]e^{-rt}dt - C_0 \tag{1.16}$$

式中，$Y_u(t)$和 $Y_r(t)$分别为 t 时期城市和乡村部门的实际工资率，$p(t)$为 t 时期迁移者获得工作的累计概率，n 为计划范围内的期数，r 为贴现率。因此，城乡人口的流动模型可改写为

$$M = f(V(0)), \quad f' > 0 \tag{1.17}$$

图 1.4 所示为基于托罗达人口模型城乡收入差距对农村人口转移的作用机制，图中横坐标分别代表城市劳动人口(P_u)和农村劳动人口(P_r)，纵坐标分别代表城市和农村的劳动工资率。VMP_u 和 VMP_r 分别为城市和农村的边际产品价值曲线，一般情况下，城市的劳动工资率高于农村的劳动工资率，即 $VMP_u > VMP_r$，且在完全竞争市场条件下，劳动报酬等于边际价值产品等于劳动工资率。因此，根据劳动生产率的边际报酬递减规律，劳动的边际产品价值也递减。下图中 A 点和C 点所

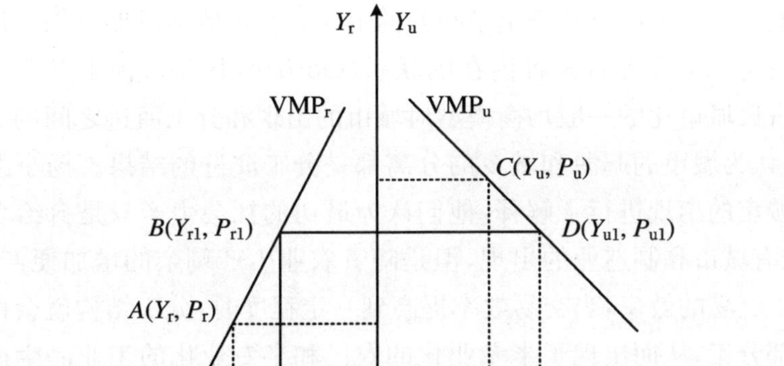

图 1.4　托罗达城乡劳动力转移路径

示，如果最初的城市劳动人口和农村劳动人口分别为 p_u 和 p_r，对应的城市和农村的工资率分别为 Y_u 和 Y_r 时，根据托罗达人口流动模型，城乡收入存在差距时，农村人口就会向城市转移，直至收入差距消失，图中的 B 点和 D 点对应的城市人口和农村人口分别为 p_{u1} 和 p_{r1}，城市工资率和农村工资率分别为 Y_{u1} 和 Y_{r1}，且 $Y_{u1}=Y_{r1}$，城乡之间人口流动达到一种均衡状态。

5. 新兴古典城市化理论

古典的二元经济理论假设存在边际生产率为零的农业剩余劳动力，乔根森(Jogenson)和托罗达(Todaro)等人的研究虽然放弃了这一假设，但是却将完备性市场的假设应用到分析中，这与许多发展中国家的现实情况也是不符的。而且古典的二元经济理论和新古典二元经济理论重点讨论了二元经济结构的转化方式是农村剩余劳动力的城乡转移，却没有对二元经济结构产生的原因和转化的方向进行解释，因此具有片面性。事实上，二元经济结构的产生是因为经济体中出现了不同的部门以及人们在不同部门之间进行选择，这不仅是资源配置的问题，更是一个分工演进的问题(高帆，2005)。可见分工是解释二元经济结构出现转化的另一个重要因素。史密斯(Smith，1976)认为分工是促进经济发展的主要源泉，而农业生产力的发展落后于工业，其中一个最关键的因素就是农业生产不能采用完全的分工制度。基于这一思想，20 世纪 80 年代以杨小凯为代表的一批经济学家采用超边际分析方法和其他非古典数学规划方法复兴了古典经济学中分工和专业化的核心思想，并由此诞生了新兴古典经济学理论。新兴古典经济理论的核心思想认为经济的发展是专业化和分工不断演进的过程，但是分工带来的生产率的提高和专业化带来的交易成本的增加会使得经济发展陷入两难的境地。只有当分工引发的交易成本大于分工带来的效益时，分工的演进才会停止。

新兴古典城市化理论作为新兴古典经济理论的组成部分之一，从分工的角度对城市的起源和城乡的分离作出了很好的解释。在古罗马时期人们就已经意识到城市的出现与分工存在着某种内在的联系(Gorden，1975)，杨小凯等(2000)通过建立新兴古典城市化的一般均衡模型对城市的出现和分工演进之间的关系进行了深入研究，认为城市的起源和城乡的分离都是分工演进的结果。杨小凯和赖斯在模型中对城市的出现进行了解释，他们认为最初的社会生产只是自给自足的农业生产，并没有城市和制造业的出现，但是随着农业生产剩余的增加便产生了交换。交换提高了交易的效率，当交易效率提高到一定程度时，分工结构就会由自给自足转变到局部分工，从而出现了半专业化的农民和半专业化的工业品生产者。但此时城市并未出现，因为农民都是分散居住，而工业品制造者是选择靠近农民居住的地方进行生产。只有当交易效率进一步提升，出现了专业的农民和专业的制造者，分工结构也进一步高级化，此时为了节约交易成本，工业生产者就会选择集中居住，就出现了城市以及城乡分离的状况。所以说城市的出现是分工水平和专业化程度不断提高而产生的必然结果。

新兴古典城市化理论认为由于居住结构的不同致使城市居民的交易成本比农村居民低，城市的分工水平也由于交易效率的提升而大大提高，致使城市居民的收入要比农村居民高，从而产生的城乡收入差距，城乡二元经济结构也随之产生。如果允许劳动力在城乡之间自由流动，那么农村居民就会选择城市居住，城乡之间的收入差距就会得到缓解。但现实情况是各种制度的限制使得劳动力无法在城乡之间自由流动，城乡差距成为一种长期发展的趋势。

二、区域非均衡发展理论

均衡发展理论往往是从理性观点出发，多采用静态分析的方法把现实问题简单化。而事实情况是多数发展中国家城市以及区域经济发展都是处于一种非均衡发展的状态。那么城市与区域发展如何达到一种均衡发展的状态呢？这个问题应当是非均衡发展理论研究首先要回答的问题。在非均衡发展理论的研究中做出杰出贡献的主要包括弗朗索斯·佩鲁（F. Perroux）、缪尔达尔（G. Myrdal）、赫希曼（A. O. Hirschman）、威廉姆逊（J. G. Williamson）和弗里德曼（A. J. Friedmann）。

1. 弗朗索斯·佩鲁的增长极理论

法国经济学家弗朗索斯·佩鲁认为区域间的经济发展是一种不均衡的发展，即经济的增长并不是同时均匀地分布到每个区域和每个产业的，而是同一个国家或地区，不同的区域、不同产业或部门的经济增长的速度有快有慢，对于那些经济增长较快的区域和部门，他们会吸引更多的资源和要素流入，经济得到进一步发展，从而与那些落后的地区和部门产生了一定的差距。佩鲁将这些经济发达部门称为增长极，即当这些发达地区和部门发展到一定阶段时，就会产生正的外部效益，它们会通过不同的渠道和传导机制来带动整个区域的经济增长。因此，佩鲁认为增长极的存在或经济非均衡发展是推动经济全面发展的重要力量。从当前的现实情况来看，城市（尤其是经济发达的城市）的发展吸引了大量的资源和要素流入，从而产生集聚效益和规模经济，但是城市化产生的扩散和辐射作用的效果还有待进一步研究。

2. 冈纳·缪尔达尔的循环累积因果论

瑞典经济学家缪尔达尔针对增长极理论的某些缺陷，运用动态的非均衡分析和结构主义分析方法提出了循环累积因果论。该理论认为，经济发展过程在空间上并不是同时产生和均匀扩散的，而是从一些条件较好的地区开始，一旦这些区域由于初始优势而比其他区域超前发展，则这些区域由于既得优势不断积累有利因素继续超前发展，从而进一步强化和加剧区域间的不平衡，导致增长区域和滞后区域之间发生空间相互作用，由此产生两种相反的效应：一是回流效应，表现为各生产要素从不发达区域向发达区域流动，使区域经济差异不断扩大；二是扩散效应，表现为各生产要素从发达区域向不发达区域流动，区域发展差异得缩小。在市场机制的作用下，回流效应远大于扩散效应，即发达区域更发达，落后区域更落后。基于此，缪尔达尔提出了区域经济发展的政策主张。在经济发展初期，政府应当优先发展条件较好的地区，以寻求较好的投资效率和较快的经济增长速度，通过扩散效应带动其他地区的发展，但当经济发展到一定水平时，也要防止累积循环因果造成贫富差距的无限扩大，政府必须制定一系列特殊政策来刺激落后地区的发展，以缩小经济差异。

3. 赫希曼非均衡增长论

美国著名经济学家赫希曼认为非均衡发展战略是区域经济发展的最佳方式，他指出经济进步并不同时出现在每一处，经济进步的巨大推动力将使经济增长围绕最初的出发点集中，增长极的出现必然意味着增长在区域间的不平等，是经济增长不可避免的伴生物，是经济发展的前提条件。他提出了与回流效应和扩散效应相对应的极化效应和涓滴效应。在经济发展的初期阶段，极化效应占主导地位，因此区域差异会逐渐扩大；但从长期看，涓滴效应将缩小区域差异。因此赫希曼主张促进发展的最好方式是：首先应对具备优势的产业加以投资，进而通过发展较好的产业部门带动其他产业部分的发展，以更有效地解决资本不足的问题。

4. 区域经济增长梯度推移理论

该理论认为工业各部门甚至各种工业产品都处在不同的生命循环阶段上，在发展中必须经历创新、发展、成熟、衰老四个阶段，并且在不同阶段，兴旺部门将转为停滞部门，最后成为衰退部门。区域经济学者把生命循环论引用到区域经济学中，创造了区域经济梯度转移理论。根据该理论，每个国家或地区都处在一定的经济发展梯度上，世界上每出现一种新行业、新产品、新技术都会随时间推移由高梯度区向低梯度区传递，威尔伯等人形象地称之为工业区位向下渗透现象。

无时间变量的区域非均衡学派虽然正确指出了不同区域间经济增长率的差异，但不能因此而断定区际差异必然会不可逆转地不断扩大。因为各种非均衡增长模型片面地强调了累积性优势的作用，忽视了空间距离、社会行为和社会经济结构的意义。缪尔达尔和赫希曼的理论动摇了市场机制能自动缩小区域经济差异的传统观念，并引起一场关于经济发展趋同或趋异的大论战。

5. 威廉姆逊的倒"U"形理论

1965年美国经济学家威廉姆逊采用世界24个国家的时间序列数据和横截面数据，通过实证分析证明：在一个国家发展的早期阶段，区域发展水平之间的差异将会越来越大，但随着经济的进一步发展，这种不平衡发展的趋势将逐渐放缓，直到经济发展的成熟阶段，区域间的差异将逐渐缩小。因此说明经济发展阶段与区域差异之间存在着一种倒“U”形关系，如图 1.5 所示。

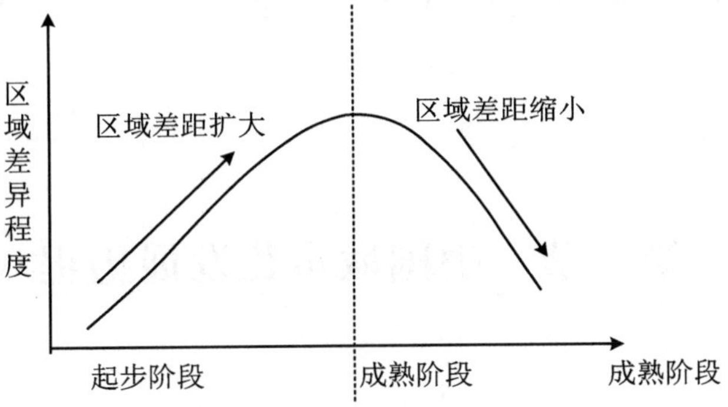

图 1.5　不同发展阶段区域差异程度

倒“U”形理论将时序问题引入了区域空间结构变动分析，认为区域均衡与增长之间的替代关系随着时间的推移而呈非线性变化。由此可见该理论将区域均衡与经济增长联系起来具有一定的现实意义，但是诸多学者仍对此结论存在一定的争议。如发展经济学家帕奈克(S. C. Patnaik)认为该理论缺乏普遍性，而且研究过程中所使用的资料和采用的概念均存在一定的缺陷。同时倒“U”形理论忽视了区域发展过程中政府的调控作用，而只将市场作为区域发展差距缩小的主导者是不符合实际的。

6. 弗里德曼中心-外围理论

中心-外围理论是对增长极理论的又一次拓展，由美国经济学家弗里德曼在1966 年提出。该理论将区域发展在较长时期的演变基础上，将经济系统的空间结构划分为中心和外围两个部分，并且认为中心区域占据着有利的环境，能够优先发展起来。而外围发展条件较差，经济效益较低，处于被支配地位。因此，经济发展必然伴随着各生产要素从外围区域向中心区域转移。同样在经济发展初始阶段，中心-外围的二元结构十分明显，当经济进入持续增长阶段，随着政府政策干预，中心和外围的界限会逐渐消失，经济在全国范围内实现一体化，各区域优势充分发挥，经济获得全面发展。根据该理论，现实的城市和农村就是这种中心与外围二元结构关系，城市占据着经济发展的有利地位，是工业、技术以及资本的集聚区，因此能够吸收农村的要素资源流入城市。但是我们不能过分强调城市的主导地位，应当将二者放在同等的位置发展，从而实现经济结构的一体化。

第二章　中国城市化区域非均衡发展现状

第一节　中国城市化发展历程

自新中国成立以来，中国城市化水平大致经历了起步、停滞、低速和快速发展四个阶段，如图2.1所示。① 1949—1960年是中国城市化起步发展阶段，城市化水平由10.64%增加到19.29%，年均增长率为5.6%。新中国成立初期，为复苏经济，国家重点推进工业化建设，我国工业化水平由1952年的17.6%提高到1960年的32.4%。为满足工业发展所需的劳动力，政府实行自由迁移政策，短期内大量农民工迅速进城，致使城镇人口数量剧增，因此这一时期也可以称为中国城市化超速发展阶段（方创琳，2008），工业化成为这一时期城市化进程的主导力量。② 1961—1977年是中国城市化停滞发展阶段。城市化水平由1961年的19.29%下降到1962年的17.32%，之后便停滞不前，一直在17%左右徘徊。1958年，为完善城乡人口户籍管理制度，颁布了《中华人民共和国户口登记条例》及配套制度，严格限制农民进城和城乡人口之间的流动。1962年，《中共中央、国务院关于调整市镇建设、缩小城市郊区的指示》中提出了缩减市镇数量，缩小城市郊区等办法，使得城镇人口减少了1600万余人，城市数量由1961年底的208个减少到1963年6月底的179个，县镇数量由1961年底的4429个减少到1962年底的4398个。③ 1978—1999年是中国城市化低速发展阶段，城市化水平由18.96%上升到30.89%，年均增长率为2.51%。改革开放以后，国民经济得到了发展，但是国家对于城市化建设的战略并未全面打开，1980年，国家实施严格控制大城市规模、合理发展中小城市、积极发展小城镇的策略，得益于中小城镇的发展，城市化水平有了一定的提升。④ 1999—2022年中国城市化进入到快速发展阶段，城市化水平由31.91%上升到65.22%，年均增长率为1.45%。2001年中央政府实施大中小城市和小城镇全面协调发展战略，并支持和引导农村劳动力合理流入城市，城市化水平得到了快速发展。

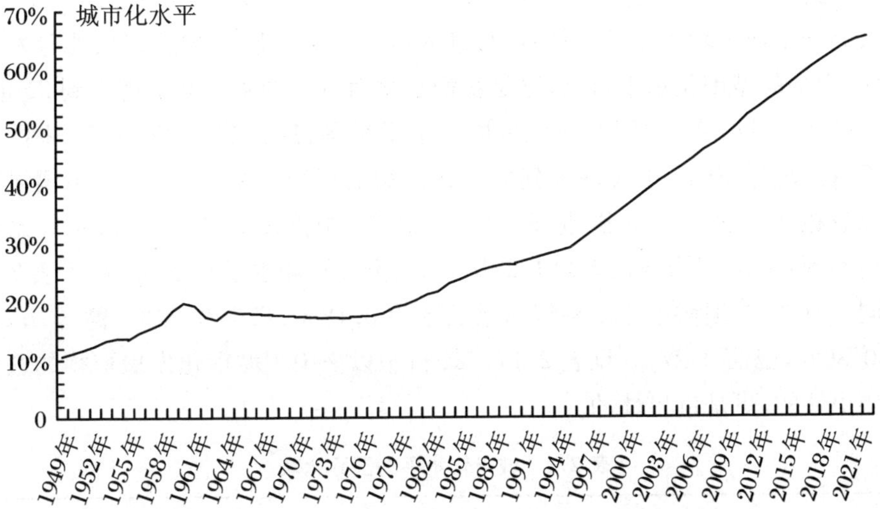

图 2.1　1949—2022 年中国城市化水平发展趋势阶段示意图

数据来源:《中国统计年鉴(1949—2022)》。

第二节　中国城市化发展现状

美国地理学家诺瑟姆(Ram M. Northam)认为世界每个国家的城市化进程都是一条被拉平的"S"形曲线,并将该进程划分为三个阶段:第一阶段为城市化初期阶段(也称起步阶段),城市化水平低于 30%。第二阶段为城市化中期阶段(也称加速阶段),城市化水平在 30%～70%。第三阶段为城市化后期阶段(也称成熟阶段),城市化水平高于 70%(如图 2.2)。

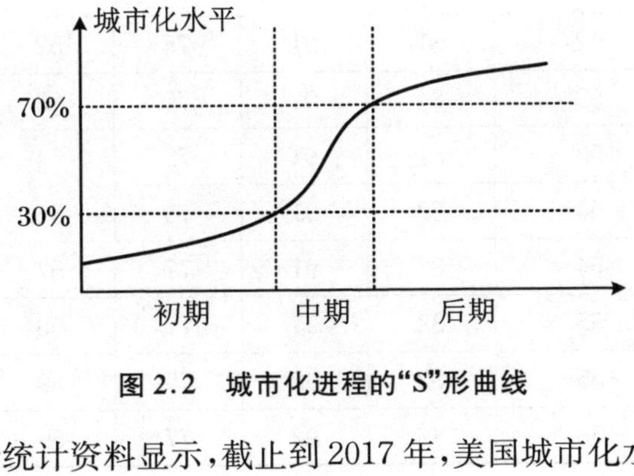

图 2.2　城市化进程的"S"形曲线

根据世界银行统计资料显示,截止到 2017 年,美国城市化水平为 82%,日本为

91%，德国为77%，全球平均水平为54.82%，中国为58%。由此可见，中国城市化水平仅高于全球平均水平3%左右，与进入城市化第三阶段的美、日、德等发达国家相比，中国的城市化水平很低，这是我们必须面对的事实。但是进入到21世纪，随着国际环境的改变，中国城市化也取得了举世瞩目的成就。2011年，中国城市化水平首次超过50%，正式进入到城市化国家的行列。在这一时期，中国城市化进程以赶超式的速度向前推进，2001—2022年，中国城镇人口占总人口比重从37%增加到64%，年均增长率为1.23%，高出世界平均水平0.78%，如下表2.1所示。同一时期，美国城市化水平年均增长率为0.18%，日本0.54%，德国0.23%，印度0.36%，巴西0.27%（见表2.1）。21世纪以来中国城市化发展取得的进步不仅是历史性的，更是世界性的。

表2.1　城市化水平的国际比较

时　间	世界城镇人口比重（%）	发达国家城镇人口比重（%）			发展中国家城镇人口比重（%）		
		美国	日本	德国	中国	印度	巴西
2001年	47	79	80	73	37	28	82
2002年	47	79	82	73	38	28	82
2003年	48	80	83	73	40	29	82
2004年	48	80	85	73	41	29	83
2005年	49	80	86	73	43	29	83
2006年	49	80	87	73	44	30	83
2007年	50	80	88	74	45	30	83
2008年	50	80	89	74	47	30	84
2009年	51	81	90	74	48	31	84
2010年	51	81	91	74	49	31	84
2011年	5^2	81	91	74	51	31	85
2012年	52	81	91	75	52	32	85
2013年	53	81	91	75	53	32	85
2014年	53	81	91	75	54	32	85
2015年	54	82	91	75	56	33	86
2016年	54	82	91	77	57	33	86
2017年	55	82	91	77	58	34	86
2018年	55	82	92	77	59	34	87
2019年	56	82	92	77	59	34	87

续表

时　间	世界城镇人口比重(%)	发达国家城镇人口比重(%)			发展中国家城镇人口比重(%)		
		美国	日本	德国	中国	印度	巴西
2020 年	56	82	92	77	59	34	87
2021 年	56	83	92	78	63	35	87
2022 年	57	83	92	78	64	36	88
年均增长率(%)	0.45	0.18	0.55	0.23	1.22	0.36	0.27

数据来源:世界银行 WDI 数据库。

受国家宏观局势的影响,我国各个省(区、市)的城市化水平也取得了突破性的进展。表 2.2 为新中国成立以来各省(区、市)人口城市化水平变动趋势,从表中可以看出 1949 年新中国成立之初,除了北京和天津处在城市化发展的中期阶段,其他各省(区、市)的人口城市化水平均在 30%以下。到了 1978 年改革开放时期,我国各省(区、市)的城市化水平均得到了一定的提升,其中辽宁、吉林、黑龙江、上海四个省(区、市)由城市化初期阶段进入到城市化发展的中期阶段,截止到这一时期,没有一个省(区、市)的城市化水平超过 70%。进入到 21 世纪初期,我国城市化水平低于 30%的有安徽、河南、广东、广西、海南、四川、贵州、云南、西藏、甘肃 10 个省(区、市),而城市化水平在 30%～70%的省(区、市)增加到了包括天津、河北、山西、内蒙古、辽宁、吉林、黑龙江、江苏、浙江、福建、江西、山东、湖北、湖南、重庆、陕西、青海、宁夏、新疆在内的 19 个省(区、市),此时北京和上海两个直辖市的人口城市化水平均超过了 70%,城市化水平最高的上海达到了 88.4%。到了 2022 年,中国所有地区均进入到了城市化发展的中后期阶段,且处在城市化发展后期的省(区、市)增加到了 8 个。

表 2.2　新中国成立以来我国各省(区、市)人口城市化发展的动态趋势

年份	处在城市化初期阶段的省(区、市)(＜30%)	处在城市化中期阶段的省(区、市)(30%～70%)	处在城市化后期阶段的省(区、市)(＞70%)
1949 年	河北、江西、内蒙古、辽宁、吉林、黑龙江、上海、江苏、浙江、安徽、福建、江西、山东、河南、湖北、湖南、广东、广西、海南、四川、重庆、贵州、云南、西藏、陕西、甘肃、青海、宁夏、新疆	北京、天津	

续表

年份	处在城市化初期阶段的省(区、市)(＜30%)	处在城市化中期阶段的省(区、市)(30%～70%)	处在城市化后期阶段的省(区、市)(＞70%)
1978年	河北、江西、内蒙古、江苏、浙江、安徽、福建、江西、山东、河南、湖北、湖南、广东、广西、海南、四川、重庆、贵州、云南、西藏、陕西、甘肃、青海、宁夏、新疆	北京、天津、辽宁、吉林、黑龙江、上海	
2001年	安徽、河南、广东、广西、海南、四川、贵州、云南、西藏、甘肃	天津、河北、山西、内蒙古、辽宁、吉林、黑龙江、江苏、浙江、福建、江西、山东、湖北、湖南、重庆、陕西、青海、宁夏、新疆	北京、上海
2015年	西藏	河北、山西、内蒙古、辽宁、吉林、黑龙江、江苏、浙江、安徽、福建、江西、山东、河南、湖北、湖南、广东、广西、海南、重庆、四川、贵州、云南、陕西、甘肃、青海、宁夏、新疆	北京、天津、上海
2022年		河北、山西、内蒙古、吉林、黑龙江、安徽、福建、江西、山东、河南、湖北、湖南、广西、海南、四川、贵州、云南、陕西、甘肃、青海、宁夏、新疆、西藏	北京、天津、辽宁、上海、江苏、浙江、广东、重庆

空间是一座城市的载体，是城市化发展的地域空间的外在表现，即包括农村地域向城市地域的转变、农村景观、道路及交通设施向城市景观、道路及交通设施的转变以及城市地域的不断升级(李婕 等，2012)。因此，城市化的发展不仅体现在人口数量的变化，更体现在城市空间的调整与扩张。在中国城市化水平进入到快速发展阶段后，伴随着城市人口的增加，我国城市规模也得到了空前发展。首先，从我国城市区域空间变化的情况来看，改革开放以后，我国城市建成区面积一直处于持续上升的趋势，如图2.3所示，1981年我国城市建成区面积为7438.0 km^2，2015年增加到52102.31 km^2。截止到2022年，中国城市建成区达面积到了63676.40 km^2，

比 1981 年增加了 56238.4 km^2，年均增长率达为 2.1%，是同一时期我国城镇人口年均增长率的 1.28 倍，由此可见我国城市建成区面积扩张速度之快。此外，我国城市数目在城市化进程中也实现了快速增长，与城市建成区面积不同的是，我国城市数目的变化在改革开放之后至 1997 年这一时期变化较为明显，1981 年，我国城市数目为 226 个，其中地级市个数和县级个数分别为 110 个和 113 个，而到了 1997 年城市数目增加到了 668 个，相较于 1981 年增加了近 3 倍，而且地级市个数和县级市个数也分别扩张了 2 倍和 4 倍。1997 年以后，我国全部城市数目和地级市数目逐渐步入稳定略降的趋势，而县级市个数下降相对来说较为明显，这一变化特征主要与国家在 90 年代中后期先发展小城市，而后集中发展大城市的宏观策略有关。但总体上来说，自改革开放以来，我国城市规模一直处于不断上升的趋势。

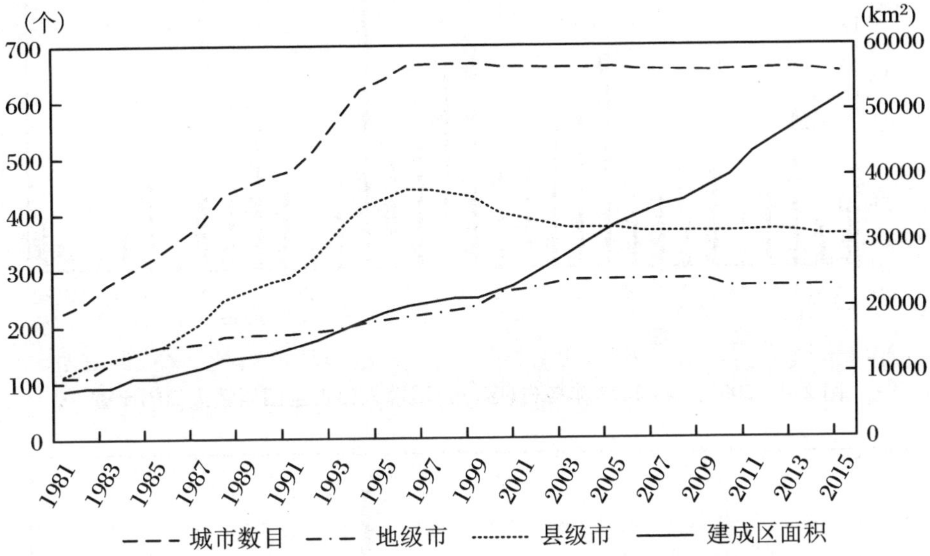

图 2.3　1981—2015 年中国空间城市化发展趋势

数据来源：《中国城乡建设统计年鉴》《中国统计年鉴》。

第三节　中国城市化区域非均衡发展的特征事实

进入 21 世纪，中国城市化快速发展的同时，各省区城市化水平之间的差距也逐渐拉大。首先，从各省（区、市）城镇人口占全国城镇人口的比重来看，我国各省（区、市）城镇人口比重差距较大，2005 年城镇人口比重最高的广东省占比 10.28%，而最低的西藏只有 0.15%，前者是后者的 68.5 倍。而在 2001—2022 年这一时期，我国北方大部分地区的城镇人口比重在逐渐缩小，我国中部地区的吉林、黑龙江、湖北和湖南等几个省（区、市）下降幅度尤为明显，到了 2022 年，我国城镇人口占比最高的广东是城镇人口占比最少的西藏的 99.2 倍，差距进一步拉大（如图 2.4 所示）。此外，从各省（区、市）新增的城镇人口对全国新增城镇人口的贡献率来看，2005—2022 年，全国新增城镇人口为 35859 万人，其中新增城镇人口排名前五的分别为广东、河南、江苏、山东、四川，这五个地区新增城镇口达到了 14558.85 万人，对全国新增城镇人口的贡献率达到了 38.26%（如图 2.5）。

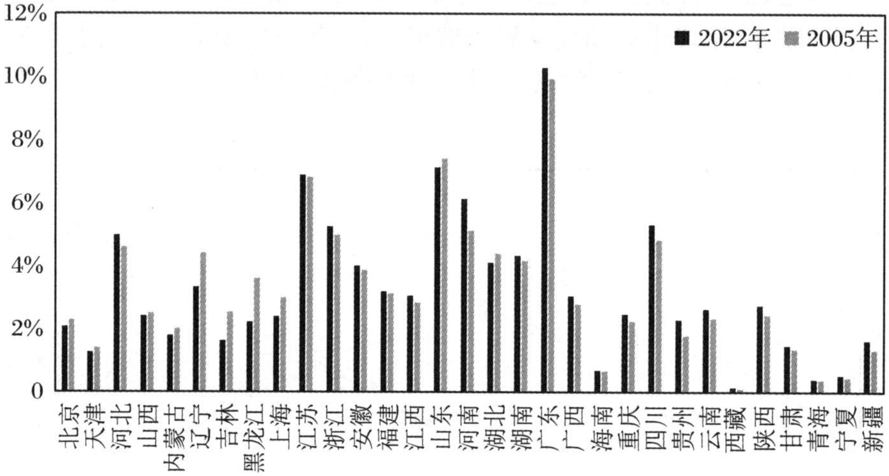

图 2.4　2005 年和 2022 年各省(区、市)城镇人口占全国城镇人口的比重

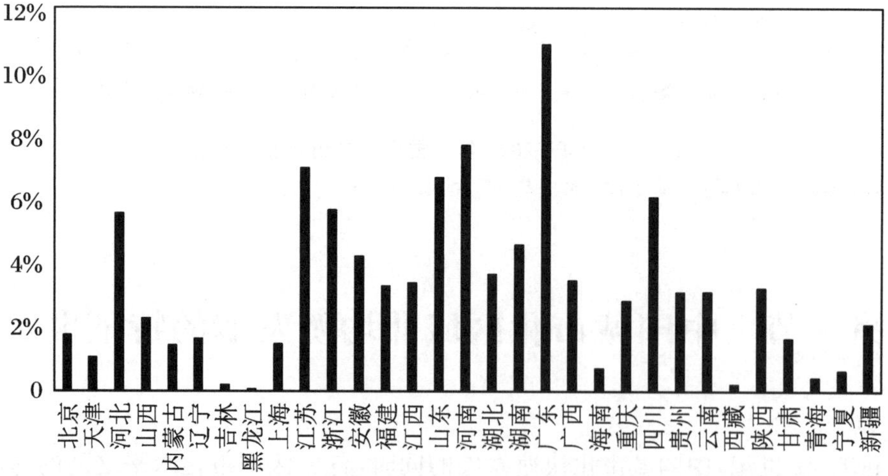

图 2.5　2005—2022 年期间各省(区、市)新增城镇人口对全国新增城镇人口的贡献率

注：图 2.4 和图 2.5 根据《中国统计年鉴》数据计算整理所得，不含港、澳、台地区。

其次，从各省城镇人口占总人口的比重来看，我国各省人口城市化水平差异较大，截止到 2022 年，我国人口城市化水平最高的上海达到了 87.60%，而最低的西藏只有 37.36%，两者相差了 2.3 倍之多。为了能够更加准确地反映我国各省（区、市）人口城市化发展的趋势和差异，我们将 2005 年和 2022 年两个时间段各省（区、市）城镇人口区位商进行了对比分析①，如图 2.6 所示。从图中可以看出，2005—2022 年，除了上海、北京区位商变化不明显外，其他地区区位商都有了明显的提升，由此可见我国省际城市化水平差异的总体趋势已经放缓，但各地区之间存在差异仍然是不争的事实，尤其是西部欠发达地区城市化整体水平较低。

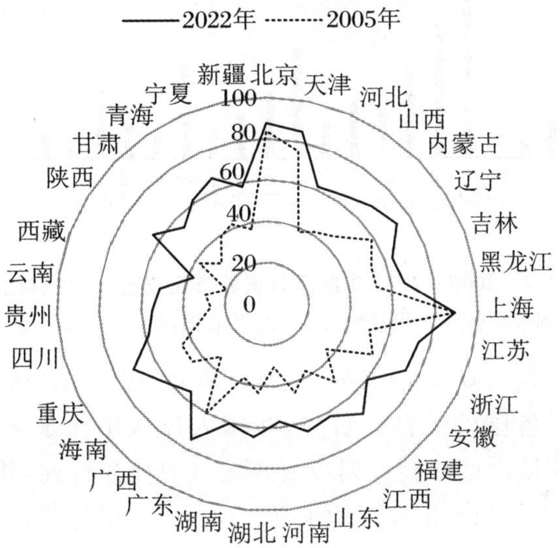

图 2.6　2001—2022 年各省城镇人口区位商变化趋势

与人口城市化发展现状相同，我国各省区空间城市化水平也存在着巨大差异。从 2005—2022 年我国各省（区、市）城市建成区面积占区域总面积的比值变化情况来看，2005 年我国空间城市化水平最高的三个省（区、市）是上海、北京、天津，分别为 12.93%、7.31% 和 4.44%，这三个省（区、市）国土总面积占全国总面积的比重只有 0.35%，而城市建成区面积却占了全国城市建成区面积的7.84%。到了 2022 年，我国各省（区、市）占区域面积的比重均有了显著的增加，而增加幅度最大的三个地区是上海、天津和江苏，相较于 2005 年分别增加了6.66%、6.15% 和 2.36%（如图 2.7），而西部地区城市建成区面积增速缓慢，2005—2022 年增加比重最低的三个地区分别为内蒙古、青海和西藏，增加比例分别为 0.038%、0.02% 和

① 各省（区、市）城镇人口区位商＝各省（区、市）城镇人口占总人口的比重/全国城镇人口占总人口的比重。

0.008%，由此可见，我国区域间空间城市化水平也存在较大差异，尤其是东部地区和西部地区之间差异显著。

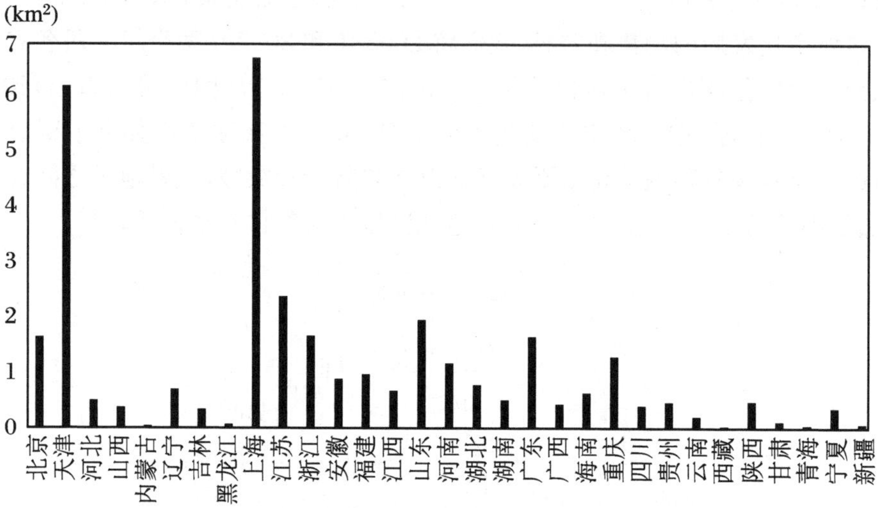

图 2.7　2005—2022 年期间各省城市建成区面积增减情况

数据来源：根据《中国统计年鉴》数据计算整理所得，不含港、澳、台地区。

改革开放以来，我国城市化道路一直是在摸索中前进的，这一期间所取得的巨大成就受到了世界各国的关注。首先，我国人口城市化水平在 2011 年突破了 50%，中国开始从非城市型社会行列步入到城市型社会行列，并于 2013 年从落后于世界平均水平赶超至超出世界平均水平。这一点点的进步都是我国努力推进城市化进程所取得的成果。其次，由于我国城镇人口数量的快速增加，我国空间城市化也得到了飞速发展，改革开放我国城市建成区面积持续上升，年均值增长率达到了 5%左右，而且这一期间城市数目也得到了翻倍的增加。但同时，受我国区域发展水平的差异和宏观经济政策的影响，我国城市化区域非均衡发展问题也日益突出。目前我国东部沿海地区的城市化发展水平一直高于中西部欠发达地区，虽然近几年人口城市化发展的区域差异程度有所降低，但是空间城市化发展的区域差异仍在进一步扩大。因此，我们在关注城市化水平提高的同时，更要注意区域城市化发展的差异。

第三章　中国城市化区域非均衡发展：测度及时空演变趋势

综合以上我国城市化发展状况及区域差异的特征描述中可以看出，我国城市化区域非均衡发展问题确实存在，而且学者们也对此做了大量的研究。在已有的研究中，学者们不仅对我国城市化区域非均衡发展问题进行了定性分析，同时也对我国城市化区域非均衡发展程度进行了定量检验。城市化区域非均衡发展程度的测算主要涉及城市化水平衡量指标的选取，通过检索文献发现，目前学者多采用复合指标法，从城市化发展水平和发展质量两个方面测算我国城市化区域非均衡发展的程度，其中测算的指标包括人口、空间、经济、生态、文明及社会发展水平等（文余源，2005；陈明星 等，2009；蓝庆新 等，2017）。笔者认为在诸多指标中，人口的变动是城市化发展最直接的表现。因此，为了简化问题的分析，本章仅以人口城市化作为研究对象对我国城市化区域非均衡发展程度进行测算。

第一节　人口城市化综合发展指标体系的构建

一、指标选取

有关中国人口城市化水平的度量方式一直存在较多的争议。中国官方一直采用城镇人口占总人口的比重作为人口城市化的统计指标，但是由于我国人口统计标准的频繁调整以及统计的误差，使得官方公布的人口城市化指标的合理性和真实性一直受到学术界的质疑。因此，为了能够更加准确地反映中国人口城市化水平，本书参照多数学者的做法，采用城镇人口比重（%）、城镇人口规模（万人）和第二、三产业就业人口比重（%）作为人口城市化水平的综合评价指标（王洋 等，2012；孙平军 等，2012；张跃胜，2017）。

二、测算方法与结果分析

本书选取2001—2017年31个省(区、市)的省际面板数据作为研究样本，各个指标的数据主要来源于《中国统计年鉴(2001—2017)》。其中2001—2003年城镇人口数据来源于各省(区、市)统计年鉴。

本书采用熵值法确定各指标权重。熵值是体现数据系统结构性和差异性的重要指标，熵值越大系统结构越均衡，差异性越小，反之则说明系统结构越不均衡，差异性越大。熵值法不仅能够避免人为确权的主观性，也能消除各指标数据之间的信息重叠。此外，由于各个指标数据的量纲不同，数量级差异较大，因此，在确定各个指标的权重之前，需要将各个指标进行标准化处理。本书选取的各个指标都是正向指标，因此，我们采用正向指标标准化处理方式：

$$s_{ij} = \frac{x_{ij} - \min_{ij}}{\max_j - \min_{ij}} \tag{3.1}$$

式中，x_{ij}为第i个省(区、市)第j个指标值，$\min_j$为第j个指标的最小值，$\max_j$为第j个指标的最大值，s_{ij}为各指标的标准化值，则有$0 \leqslant s_{ij} \leqslant 1$。各指标标准化处理后，计算各指标的熵值：

$$e_j = -\frac{1}{\ln n}\sum_{i=1}^{n} s_{ij}\ln s_{ij}, \quad 0 \leqslant e_j \leqslant 1 \tag{3.2}$$

其中，n为省(区、市)个数，e_j为各指标的信息熵，则各指标的权重为：

$$w_j = \frac{1 - e_j}{\sum_{j=1}^{n}(1 - e_j)} \tag{3.3}$$

式中，w_j为各指标权重，n为指标个数，$(1 - e_j)$为数据冗余度，即各指标之间的信息重叠度，各指标权重均值见表3.1。

表3.1　人口城市化水平综合评价指标体系及其权重

年　份	城镇人口规模	城镇人口比重	第二、三产业就业人口比重
2001年	0.3718	0.4351	0.1931
2002年	0.3846	0.4209	0.1945
2003年	0.3934	0.3910	0.2155
2004年	0.4208	0.3370	0.2421
2005年	0.3536	0.4597	0.1867
2006年	0.3673	0.4459	0.1868

续表

年　份	城镇人口规模	城镇人口比重	第二、三产业就业人口比重
2007 年	0.3695	0.4357	0.1948
2008 年	0.4485	0.3071	0.2444
2009 年	0.4587	0.2806	0.2606
2010 年	0.4605	0.2581	0.2814
2011 年	0.4660	0.2402	0.2937
2012 年	0.4687	0.2213	0.3100
2013 年	0.4698	0.2162	0.3141
2014 年	0.4666	0.2148	0.3186
2015 年	0.4672	0.2093	0.3236
2016 年	0.4551	0.1982	0.3467
2017 年	0.4540	0.1875	0.3586

由各指标权重我们即可得到各个省（区、市）人口城市化水平的综合发展指数，

$$u_i = \sum_{j=1}^{n} w_j s_{ij} \tag{3.4}$$

结果如表 3.2 所示。

从表 3.2 测算结果及图 3.1 可以看出，2001—2017 年我国区域人口城市化综合发展水平与城镇人口比重均呈现出波动上涨的趋势，但相较于官方公布的人口城市化水平而言整体偏低，这主要是由于我国城镇人口统计标准的差异所致。自新中国成立以来我国一直采用行政地域或行政地域＋实体地域的方式作为城乡区域（人口）划分的标准。但不管是以行政地域，还是实体地域作为城乡区域划分的基础都要设定严格的划分标准。从历次我国人口普查时城镇人口统计口径和城乡区域划分标准的变化，我国对于市镇设置和行政范围标准改动频繁，导致我国城镇人口的统计口径也频繁发生变化。例如，在 1953 年第一次人口普查时，采用市镇辖区内总人口作为城镇人口的统计指标，而在 1964 年第二次人口普查时，又采用市镇行政辖区内的非农业人口作为城镇人口的统计指标，相较于 1953 年而言城镇人口统计口径偏小，但是两次普查均采用行政地域范围作为城镇划分标准，到了 2000 年第五次人口普查中时采用了“行政地域＋实体地域”的统计标准，但在统计过程中以城市地域为基本单位的街道和镇所管辖的区域延伸到了周边的村委会驻地，对城镇人口有高估之嫌（张立，2010）。由此可见我国城乡地域划分缺乏统一标准，在城镇人口统计指标的选取上也较为主观，如若再考虑到我国特殊的户籍制

度，较低的户籍人口使得现行的城市化水平远低于实际的城市化水平。（周一星 等，1993；赵磊 等，2019）。因此采用人口城市化综合发展指标则更能准确地反映我国各区域城市化发展的真实水平。

表 3.2 2001—2022 年中国各省（区、市）人口城市化综合评价指数

（%）

省（区、市）	2001 年	2003 年	2005 年	2007 年	2009 年	2011 年	2013 年	2015 年	2017 年
北 京	65.74	64.97	68.45	68.14	62.90	62.54	62.86	63.75	64.05
天 津	43.58	43.38	56.83	57.05	53.48	54.22	55.65	56.80	57.36
河 北	31.70	34.03	33.14	35.00	43.26	44.11	46.41	47.20	47.13
山 西	28.13	30.95	29.19	29.87	33.39	34.88	36.30	35.61	35.35
内蒙古	31.61	29.47	28.20	28.99	30.73	30.87	32.26	32.26	28.58
辽 宁	44.85	43.66	50.55	49.42	50.30	50.56	51.78	49.87	46.70
吉 林	38.50	37.98	36.16	34.89	33.74	31.51	32.16	32.65	32.36
黑龙江	45.13	42.53	40.36	39.41	39.76	40.00	37.23	36.95	34.59
上 海	73.26	71.70	75.06	73.87	67.78	67.05	66.78	66.14	66.50
江 苏	49.95	55.02	53.74	56.41	63.47	67.57	69.03	70.38	70.92
浙 江	51.62	51.81	53.16	53.97	57.28	60.93	62.04	62.58	64.22
安 徽	27.52	30.74	27.64	30.55	38.88	38.44	41.67	42.90	43.27
福 建	36.05	38.61	36.59	37.57	44.22	45.58	47.42	48.34	48.65
江 西	26.22	30.02	27.37	28.90	35.62	36.63	38.96	39.77	40.57
山 东	47.60	51.09	49.60	50.29	57.01	57.91	60.45	62.58	63.55
河 南	25.85	29.26	26.74	30.40	41.36	42.57	45.45	46.19	46.68
湖 北	40.57	40.11	35.42	34.29	37.84	39.86	41.20	42.96	43.16
湖 南	29.23	32.21	29.82	32.50	39.20	39.12	40.33	40.36	40.13
广 东	72.69	74.96	72.40	74.91	80.63	82.22	82.68	82.64	81.79
广 西	21.35	21.22	20.34	21.44	26.62	25.67	25.71	25.73	23.51
海 南	9.84	10.20	21.10	20.98	20.81	20.73	22.72	22.73	21.91
重 庆	27.06	30.30	29.50	30.79	33.77	35.25	37.45	39.29	40.99
四 川	20.88	22.53	28.46	30.11	39.38	40.23	42.38	43.35	43.69
贵 州	9.42	9.58	6.21	5.90	10.36	12.13	12.87	13.83	14.10
云 南	13.51	13.88	12.15	13.24	18.93	19.45	21.63	21.43	21.10

续表

省(区、市)	2001年	2003年	2005年	2007年	2009年	2011年	2013年	2015年	2017年
西藏	2.99	4.31	4.51	5.21	6.33	7.58	9.59	10.63	12.45
陕西	25.41	26.68	23.84	25.69	31.26	32.69	28.60	29.78	29.26
甘肃	13.62	15.07	10.55	10.33	14.64	13.65	13.85	13.47	12.03
青海	18.14	19.27	17.60	18.01	20.39	22.43	23.29	22.92	22.53
宁夏	17.08	19.38	20.37	20.74	23.81	19.67	19.33	20.32	20.71
新疆	20.66	20.22	18.93	19.30	21.52	21.87	21.98	22.29	22.53

注:由于时间跨度较长,表格中只列出了奇数年份的数据,不含港、澳、台。

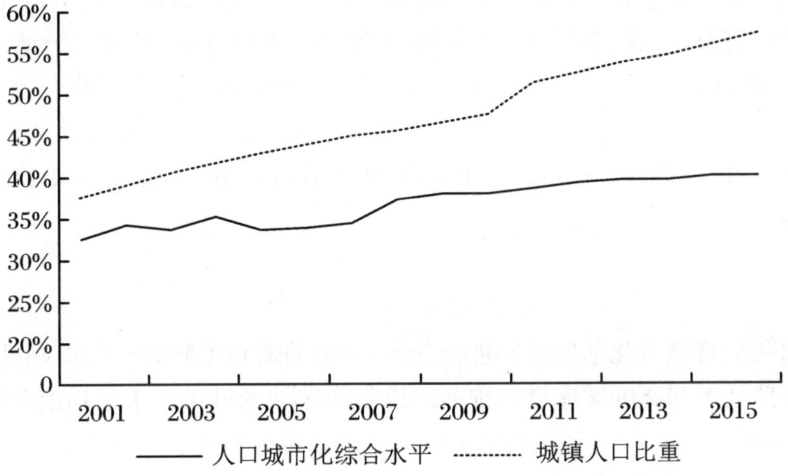

图 3.1　人口城市化综合发展水平与城镇人口比重的差异

第二节　城市化区域非均衡发展测度及时空演变趋势分析

一、研究方法

城市化的发展是一个动态演变的过程,不仅需要定量方面的测算和分解,同时也需要时间和空间上的追踪和刻画。因此,本书将采用基尼系数和核密度估计方法，对我国人口城市化发展的区域差异、演变趋势进行实证检验和分析，从而全面揭示中国城市化非均衡发展的特征及规律。

1. 基尼系数法

基尼系数最初在经济学领域的应用是用来衡量家庭间收入不平等程度，后来被学者们拓展应用到了各个领域。基尼系数的取值一般在 0 到 1 之间，数值越大表示非均衡程度越大。本书采用基尼系数对我国不同区域间人口城市化的差异程度及其构成进行测算和分解。

参照 Dagum(1997)和陈利(2017)的做法，首先将中国的 31 个省(区、市)分为东、中、西三个区域，东部地区包括北京、天津、河北、上海、江苏、浙江、福建、山东、广东、海南、辽宁 11 个省(区、市)，中部地区包括山西、安徽、江西、河南、湖北、湖南、吉林、黑龙江 8 个省(区、市)，西部地区包括广西、重庆、四川、贵州、云南、西藏、陕西、甘肃、青海、宁夏、新疆、内蒙古 12 个省(区、市)，令 u_{ih} 为第 i 个地区第 h 个省(区、市)的城市化水平，u_{jk} 为第 j 个地区第 k 个省(区、市)的城市化水平，n_i 为第 i 个地区的省(区、市)数，n_j 为第 j 个地区的省(区、市)数，m 为地区个数，$\bar{u}$ 为全国所有省(区、市)人口城市化水平均值，n 为省(区、市)个数，则城市化基尼系数可表示为

$$G = \frac{1}{2n^2\bar{u}}\sum_{i=1}^{m}\sum_{j=1}^{m}\sum_{h=1}^{n_i}\sum_{k=1}^{n_j}|u_{ih} - u_{jk}| \tag{3.5}$$

下面我们将城市化基尼系数进行分解，分解前需将不同省(区、市)的城市化水平均值按照从低到高的顺序进行排列。设不同区域的城市化水平均值分别为 $\bar{u}_i$，$\bar{u}_j$ 和 $\bar{u}_r$，则 $\bar{u}_i \leqslant \bar{u}_j \leqslant \bar{u}_r$，将区域城市化基尼系数分解为区域内城市化基尼系数 G_{ii} 和区域间城市化基尼系数 G_{ij}，则

$$G_{ii} = \frac{1}{2{n_i}^2\bar{u}_i}\sum_{h=1}^{n_i}\sum_{k=1}^{n_j}|u_{ih} - u_{ik}| \tag{3.6}$$

$$G_{ij} = \frac{1}{n_i n_j(\bar{u}_i + \bar{u}_j)}\sum_{h=1}^{n_i}\sum_{k=1}^{n_j}|u_{ih} - u_{jk}| \tag{3.7}$$

2. 核密度估计

核密度是用来刻画随机变量概率密度的非参数估计方法，能够在较长时间内直观地反映数据分布状态与特征，从而避免人为分析的主观性(陈利 等，2017；卢新海 等，2019)，因此采用核密度估计能够较为准确地反映出我国各区域人口城镇化时空演变的趋势。目前较常见的核函数包括高斯核、二次核、四次核、均匀核和三角核等，而高斯核在学术界的使用频率最为广泛。本书将采用 Stata 12.0 软件绘画出 2001 年、2008 年和 2017 年三个时间点的人口城市化的核密度图，根据不同区域和不同年份核密度曲线的变化情况来分析我国区域间人口城市化综合发展水

平的时空演变趋势。一般来说，随着时间的变化，若核密度曲线向右移动，则说明人口城市化的整体水平在提高，反之则降低；若核密度曲线存在多个峰值，说明区域间人口城镇化极化差异明显，波峰分布较为平坦且峰尾较长，说明区域人口城市化水平差异较大，反之较小（卢新海 等，2019）。

二、实证结果与分析

1. 城市化区域非均衡的测度与分解

表3.3为全国及东、中、西三大区域人口城市化基尼系数测算的结果。

表3.3　中国人口城市化非均衡程度——基于基尼系数法测算的结果

年份	全国非均衡	区域内非均衡			区域间非均衡		
		东部	中部	西部	东-中	东-西	中-西
2001年	0.2336	0.2041	0.1152	0.2290	0.2541	0.4686	0.2865
2002年	0.2376	0.2048	0.0988	0.2269	0.2603	0.4785	0.2844
2003年	0.2260	0.1972	0.0759	0.2150	0.2369	0.4603	0.2788
2004年	0.2059	0.1707	0.0598	0.2290	0.2122	0.4196	0.2578
2005年	0.2395	0.1721	0.0808	0.2518	0.2704	0.4821	0.2697
2006年	0.2362	0.1729	0.0662	0.2524	0.2658	0.4769	0.2649
2007年	0.2331	0.1694	0.0538	0.2553	0.2604	0.4724	0.2620
2008年	0.2073	0.1520	0.0381	0.2302	0.2212	0.4233	0.2466
2009年	0.2045	0.1464	0.0407	0.2312	0.2193	0.4169	0.2426
2010年	0.2100	0.1507	0.0378	0.2307	0.2308	0.4268	0.2427
2011年	0.2068	0.1471	0.0468	0.2298	0.2243	0.4200	0.2441
2012年	0.2066	0.1430	0.0475	0.2194	0.2188	0.4198	0.2518
2013年	0.2051	0.1381	0.0531	0.2223	0.2172	0.4166	0.2502
2014年	0.2041	0.1386	0.0529	0.2224	0.2161	0.4143	0.2496
2015年	0.2030	0.1377	0.0590	0.2207	0.2155	0.4114	0.2489
2016年	0.2062	0.1402	0.0606	0.2192	0.2187	0.4167	0.2547
2017年	0.2067	0.1414	0.0662	0.2166	0.2186	0.4169	0.2576

从表 3.3 中可以看出我国人口城市化区域非均衡发展具有以下特征：

其一，从全国范围内来看，2001—2017 年我国人口城市化基尼系数呈现出明显的下降趋势，2001 年全国人口城市化基尼系数为 0.2336，2017 年降到 0.2067。按照基尼系数的划分阶段来看，基尼系数处在 0.2～0.3 为较均衡状态，这说明我国各省人口城市化水平虽然存在一定的差异，但已经处于较低的非均衡发展状态。进入 21 世纪，中央就开始实施中部崛起、西部大开发等重大发展策略来缩小地区差异，随着经济水平的不断发展，一些落后地区的区位优势也逐渐体现出来，使得其城市化水平的上升空间和潜力超出发达地区，因此我国人口城市化水平地区之间的差异逐渐缩小。

其二，从东、中、西三大区域内非均衡发展程度来看，2001—2017 年我国三大区域内人口城市化基尼系数表现为西部最大，东部次之，中部最小。西部地区内部人口城市化基尼系数在 0.21～0.26 之间，处于一种均衡的发展状态；东部地区的人口城市化基尼系数由 2001 年的 0.2041 下降到了 2017 年的 0.1414，从而由低均衡状态发展到较为均衡的状态；中部地区的人口城市化基尼系数均达到了 0.12，这说明我国中部地区各省(区、市)人口城市化水平处于一种高度均衡的发展状态。由此可见，我国人口城市化非均衡程度在东部发达地区和西部落后地区表现更为明显，其主要原因在于东、西地区内部各省(区、市)经济社会发展水平和贫富差距较大，导致其人口城市化水平差距也大。如图 3.2 所示，从三大区域内人口城市化基尼系数演变的趋势来看，2001—2017 年东、中、西部的变化趋势存在一定的浮动，但基本与全国一致，呈现出明显下降的趋势。

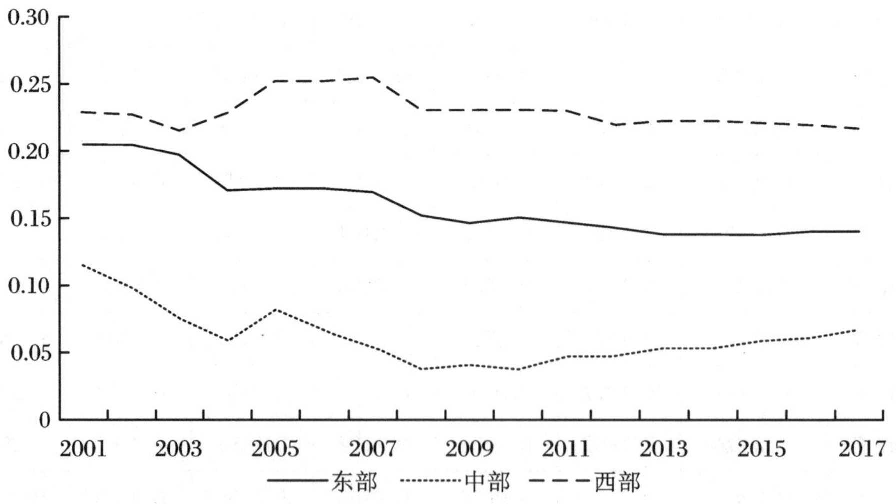

图 3.2　2001—2017 年东、中、西三大区域内部人口城市化基尼系数变化趋势

其三，从三大区域间人口城市化非均衡发展的程度来看，东-西基尼系数大于中-西基尼系数大于东-中基尼系数，且东-西地区的数值达到了 0.4 以上，两区域间人口城市化水平处于一种极度非均衡的发展状态，这也恰好说明中国东部地区与西部地区之间的经济发展社会发展水平和人口城市化水平存在的巨大差距。而东-中和中-西区域间的基尼系数均在 0.2～0.3 之间，处于一种低均衡的发展状态。从三大区域间人口城市化基尼系数的时间演变趋势来看，2001—2017 年我国东-中、东-西及中-西三个区域间人口城市化基尼系数均在下降，因为这一时期，中部和西部利用其较大的赶超优势，缩小了与东部地区的经济社会发展水平、人口城市化发展水平之间的差距（图 3.3）。

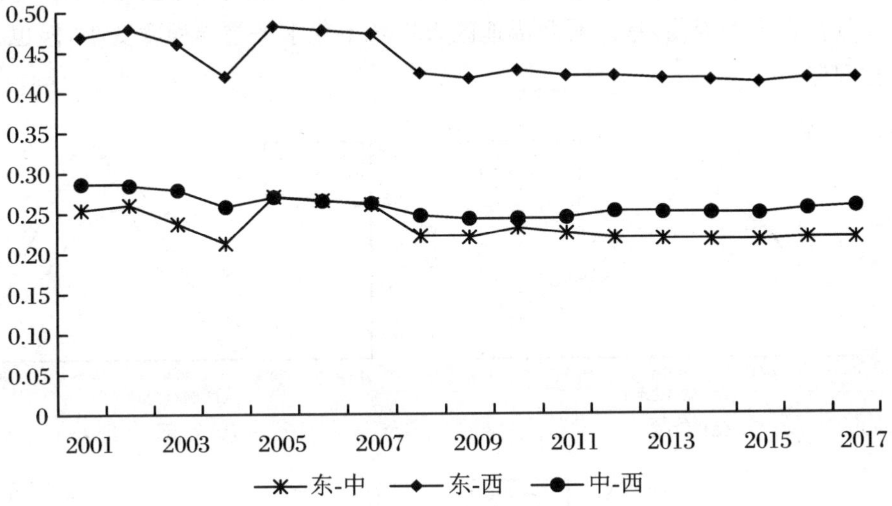

图 3.3　东、中、西三大区域间人口城市化基尼系数变化趋势

综合以上三点，虽然我国人口城市化区域差异程度在逐渐减小，但差异仍然存在，尤其是在东部发达地区和西部落后地区的非均衡发展程度更为明显。

2. 城市化时空演变趋势分析

图 3.4 为 2001 年、2008 年和 2017 年全国以及东、中、西三大区域的核密度曲线图。从全国范围来看，2001—2017 年，我国人口城市化核密度曲线由左向右移动。从曲线的形状变化来看，全国人口城市化的核密度曲线均表现为轻微多峰的宽峰型，且峰尾较短，曲线的峰值也在逐渐下降，这说明我国各省（区、市）之间人口城市化水平出现轻微的多极化，但区域间差异程度在逐渐降低。从东部地区来看，2001—2017 年，我国东部地区人口城市化核密度曲线也由左向右移动，人口城市化水平在逐渐上升。2001 年、2008 年和 2017 年，我国东部地区人口城市化核密度曲线均存在两个峰值，人口城市化出现多极化且差异波动明显，从曲线的形状来

看，2001—2017 年，曲线的峰值逐渐上升，且曲线变得较为陡峭，右侧峰尾的延续区间较短，由此说明东部地区的城市化水平差异程度降低。从中部地区来看，2001—2017 年中部地区人口城市化水平逐渐提升。具体来看，2001 年，中部地区人口城市化核密度曲线较为平缓，且跨度区域较大，这说明 2001 年中部地区人口城市化水平差异程度较大。而到了 2008 年，曲线变得较为陡峭，跨度区域缩小，但出现了多个峰值，这说明中部地区人口城市化水平差异程度缩小，但多极化现象明显。2017 年，曲线峰值降低，曲线跨度加大，中部地区人口城市化水平差异程度有扩大的趋势。从西部地区来看，2001—2017 年，西部地区人口城市化核密度曲线表现为由左向右又由右向左移动的趋势，这说明西部地区整体人口城市化水平表现为先升后降的趋势。而从曲线的形状来看，峰带由宽变窄，峰波略平缓，右侧峰尾变长且存在多个峰值，这说明西部地区人口城市化水平差异程度变小，但也存在多极化现象。

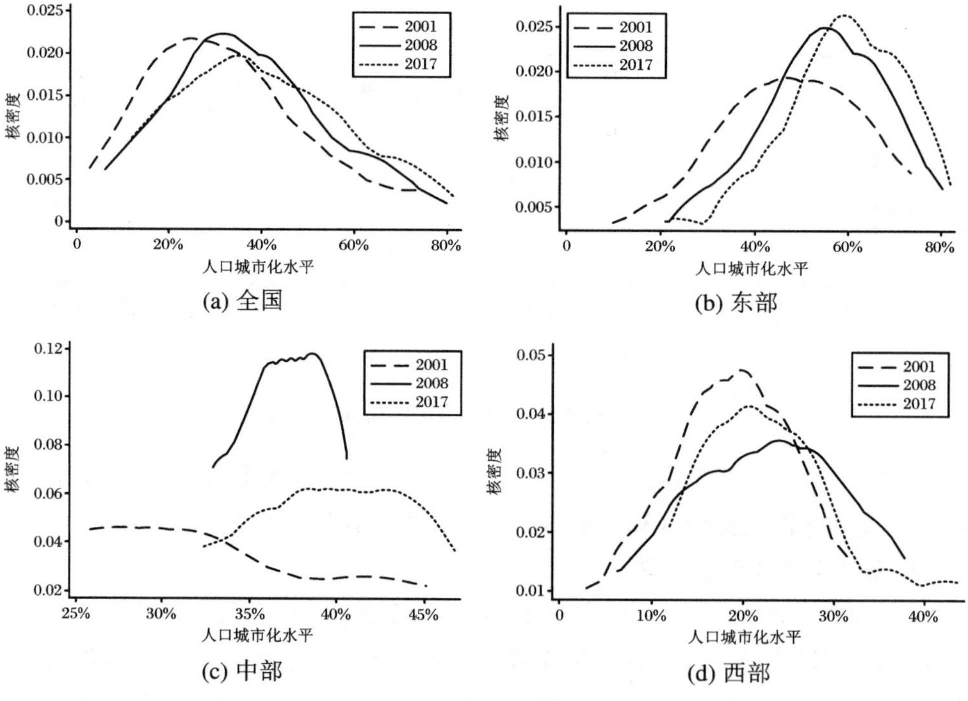

图 3.4　中国人口城市化时空演变趋势

本章选取 2001—2017 年 31 个省(区、市)的面板数据对我国人口城市化综合发展水平及其区域非均衡发展程度进行测算，得出如下结论：

(1) 以城镇人口比重、城镇人口规模和城镇第二、三产业就业人口比重构建人口城市化综合评价指标体系，并采用熵值法对我国人口城市综合发展水平进行测算,结果表明,由于我国人口统计标准的误差,导致我国城镇人口统计偏高,因此采用人口城市化综合发展指标更能准确地反映我国人口城市化发展的真实水平。

(2) 采用基尼系数法对我国人口城市化区域非均衡发展程度进行测算,结果表明,2001—2017年我国人口城市化区域非均衡发展程度呈现出持续下降的趋势,而区域发展战略的实施是影响我国区域城市化非均衡发展程度降低的主要原因。从三大区域内差异程度来看,东部发达地区和西部落后地区的人口城市化基尼系数均高于中部地区,但整体上来看,东、中、西三大区域内人口城市化差异程度同全国类似,均表现出下降的趋势。从三大区域间的变化趋势来看,东-西基尼系数大于中-西基尼系数大于东-中基尼系数,但三大区域间的人口城市化基尼系数也均表现出明显的下降趋势。

(3) 采用核密度估计方法对我国人口城市化的时空演变趋势进行了分析,结果表明,2001—2017年全国人口城市化水平出现轻微的多极化趋势,但是区域间差异程度逐渐缩小。从东、中、西三大区域来看,2001—2017年,我国东、中、西三大区域人口城市化核密度曲线均表现为由左向右移动的趋势,且有多个峰值出现。说明三大区域的人口城市化水平逐渐上升,多极化现象明显。但总体来看,三大区域人口城市化水平非均衡发展程度逐渐缩小。

通过以上结论可以看出,我国区域城市化非均衡发展程度有所降低但仍然存在。城市化区域非均衡发展将进一步加剧区域间经济发展水平的差异,引发城市化非均衡和区域经济非均衡发展的恶性循环,阻碍中国经济社会的健康发展及城市化进程。因此,分析各地区城市化发展的趋势特征及差异程度,找出影响城市化水平区域差异的关键因素,因地制宜地推进各地区城市化均衡发展,是当前城市化理论研究亟待解决的一项重要课题。

第四章　区域城市化发展的动力因素及其作用机制

第一节　城市化发展的动力因素及其作用机制

城市化发展的影响因素错综复杂，诸多学者的研究结果表明由于经济社会发展所引起的产业结构调整、城乡收入差距、技术进步和对外开放水平提升等是推动区域城市化发展的主要动力（夏翃，2008；刘维奇，2009；孙晓华 等，2012；张文静，2016；陈立泰 等，2013）。

一、产业结构升级对城市化发展的作用机制

1. 理论分析

假设只有农村和城市两个部门，令两部门的生产函数为如下形式的 Cobb-Douglas 生产函数：

$$Y_u = A_{u0}e^{\delta t}K_u^{\alpha}L_u^{1-\alpha} \tag{4.1}$$

$$Y_r = A_{r0}e^{\delta t}K_r^{\beta}L_r^{1-\beta} \tag{4.2}$$

其中，Y_u 和 Y_r 分别表示城市部门和农村部门总产量，A_{u0} 和 A_{r0} 为城市部门和农村部门初期技术水平，K_u、L_u、K_r、L_r 分别表示城市部门资本、城市部门劳动投入数量、农村部门资本、农村部门劳动投入数量，α 和 β 为城市部门和农村部门的资本产出弹性，$1-\alpha$，$1-\beta$ 为城市部门和农村部门劳动的产出弹性。假设农村只生产农产品 Q_r，城市只生产工业品 Q_u，且农产品和工业品均作为中间产品共同形成最终产品 Q，那么两部门的总量生产函数可表示为：

$$Q(Y_u, Y_r) = AY_u^{\varphi}Y_r^{1-\varphi} \tag{4.3}$$

其中，φ 代表工业品所占的比例，即代表着我国第二、三产业结构比重。在完全竞争情况下厂商的利润为零，为了追求利润最大化，厂商会令劳动者的工资等于劳动产品的边际价值，对式(4.1)和式(4.2)求偏导可得到城市部门和农村部门劳动者

的实际工资为：

$$W_u = (1-\alpha)A_{u0}e^{\delta t}K_u^{\alpha}L_u^{-\alpha} = (1-\alpha)Y_u \tag{4.4}$$

$$W_r = (1-\beta)A_{r0}e^{\delta t}K_r^{\beta}L_r^{-\beta} = (1-\beta)Y_r \tag{4.5}$$

下面问题就转化为求最终产品的利润最大化问题，因此需要满足以下条件：

$$\max Q(Y_u, Y_r) = AY_u^{\varphi}Y_r^{1-\varphi} \tag{4.6}$$

$$\text{s.t. } p_uY_u + p_rY_r = C \tag{4.7}$$

其中 p_u 和 p_r 为城市部门和农村部门的产品价格，C 为最终产品的生产成本。根据式(4.7)，我们建立拉格朗日方程 L，并分别对 Y_u 和 Y_r 求偏导，得到：

$$\begin{cases} \dfrac{\partial L}{\partial Y_u} = \varphi Y_u^{\varphi-1}Y_r^{1-\varphi} + \lambda p_u = 0 \\ \dfrac{\partial L}{\partial Y_r} = (1-\varphi)Y_u^{\varphi}Y_r^{-\varphi} + \lambda p_r = 0 \end{cases} \tag{4.8}$$

$$\Rightarrow \quad \frac{\varphi}{1-\varphi}\frac{Y_r}{Y_u} = \frac{p_u}{p_r} \tag{4.9}$$

我们将城市部门和农村部门的工资差额记为 π，则有：

$$\pi = \frac{(1-\alpha)Y_u}{(1-\beta)Y_r} \tag{4.10}$$

两边同时乘以$\dfrac{L_u}{L_r}$得到：

$$\frac{Y_u}{Y_r} = \frac{(1-\beta)}{(1-\alpha)}\frac{L_u}{L_r}\pi \tag{4.11}$$

联立式(4.9)和式(4.11)我们可以得到：

$$\frac{p_u(1-\beta)}{p_r(1-\alpha)}\frac{L_u}{L_r}\pi = \frac{p_u(1-\beta)\eta}{p_r(1-\alpha)(1-\eta)}\pi = \frac{\varphi}{1-\varphi} \tag{4.12}$$

其中，η 为城市部门劳动力比例，$(1-\eta)$ 为农村部门劳动力比例。我们建立一个函数 F，令：

$$F = \frac{p_u(1-\beta)\eta}{p_r(1-\alpha)(1-\eta)}\pi - \frac{\varphi}{1-\varphi} = 0 \tag{4.13}$$

利用函数求导法则分别对 η 和 φ 求偏导，得到：

$$\frac{\partial\eta}{\partial\varphi} = \frac{\dfrac{\partial F}{\partial\varphi}}{\dfrac{\partial F}{\partial\eta}} = \frac{p_u(1-\beta)(1-\eta)^2}{p_r(1-\alpha)(1-\varphi)^2} > 0 \tag{4.14}$$

因此说明产业结构升级有利于促进城市化的发展。

2. 作用机制

产业结构的不断调整是城市化在生产方式上的重要表现，也是推动城市化发展的根本动力。西蒙·库兹涅茨(1966)指出由于产业属性的不同，资本密集型和技术密集型的工业和服务业只有在城市才会产生规模效应，随着经济的不断发展，当主导产业开始由农业向工业和服务业转变时，增强了城市劳动力的需求和吸纳能力，促使大量农村剩余劳动力向城市转移和居住，从而促进了人口城市化的发展(陈立俊 等，2000)。此外，产业结构的升级改变了人们的消费结构，提升了人们的消费水平，新兴服务业和工业产品的增加满足了人们在衣食住行和娱乐教育等方面更高档的需求，吸引了更多人口向城市迁移和集聚，进一步增加了城市的消费需求和住房需求，扩大了城市建筑面积，不仅带动了城市经济的发展，也加速了空间城市化的进程(汪斌 等，2006)。其次，产业结构的转变和升级，致使一些现代工业和服务业正逐步取代传统的制造业和服务业，使得行业生产率普遍提高，从而极大地促进了我国经济社会的发展(陈立泰 等，2013)，并且随着这些新兴产业在各个社会领域的不断渗透，城市居民的生活水平、思想观念、文化素养等方面得到了极大提升，这些方面的改变均对城市化发展产生了重要的推动作用(叶裕民，2001)。综上可知，产业结构的调整不仅仅扩大了城市的人口规模，而且影响着城市化进程的各个方面。

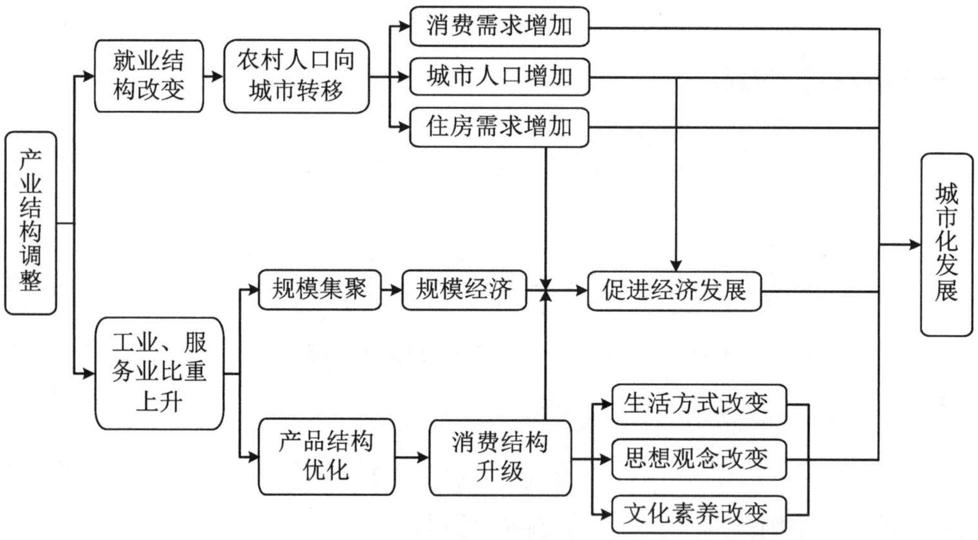

图 4.1 产业结构升级对城市化发展的作用路径

二、收入差距对城市化水平的影响机制分析

托罗达认为城乡之间的预期收入差距是决定农村劳动力迁移城市的主要动

机，因此，城乡流动人口的规模是预期收入差距的增函数，即城乡收入差距越大，农村迁移城市人口的规模越大，因此，两者之间的关系可表示为如下形式：

$$M = f(d), \quad f' > 0 \tag{4.15}$$

其中，M 为农村流入城市的人口规模，d 为城乡预期收入差距，$f'>0$ 代表城乡人口流动规模是城乡预期收入差距的增函数。城乡预期收入差距 d 为城市部门预期收入减去农村部门的预期收入，即：

$$d = w\pi - v \tag{4.16}$$

上式中 v 为农村部门未来某年的实际收入，w 为城市部门未来某年的实际工资率，π 为当年城市部门的就业率。由于失业在发展中国家普遍存在，因此在任何时期，城市部门就业概率都是由该城市当年的就业机会和失业人数所决定的，用公式表示为：

$$\pi = \frac{\gamma N}{S - N} \tag{4.17}$$

其中，γ 为城市部门的工作创造率，其值等于城市部门产出增长率减去劳动生产率，S 为城市部门总劳动力数量，N 为城市部门总就业人数。则预期城乡收入差距的净贴现值为：

$$V(0) = \int_{t=0}^{n} [p(t)Y_u(t) - Y_r(t)]e^{-rt}dt - C_0 \tag{4.18}$$

其中，$Y_u(t)$和 $Y_r(t)$分别为 t 时期城市和乡村部门的实际工资率，$p(t)$为 t 时期迁移者获得工作的累计概率，n 为计划范围内的期数，r 为贴现率。因此，城乡人口的流动模型可改写为：

$$M = f(V(0)), \quad f' > 0 \tag{4.19}$$

图 4.2 为城乡收入差距对农村人口转移的作用机制，图中横坐标分别代表城市劳动人口(P_u)和农村劳动人口(P_r)，VMP_u 和 VMP_r 分别为城市和农村的边际产品价值。一般情况下，城市的劳动生产率高于农村的劳动生产率，即 $VMP_u > VMP_r$，且在完全竞争市场条件下，劳动报酬等于产品边际价值等于劳动生产率，因此，根据劳动生产率的边际报酬递减规律，劳动的边际产品价值也递减。图中 A 点和C 点所示，如果最初的城市劳动人口分和农村劳动人口别为 p_u 和 p_r，对应的城市和农村的工资率分别为 Y_u 和 Y_r 时，根据托罗达人口流动模型，城乡收入存在差距时，农村人口就会向城市转移，直至收入差距消失，如图中的 B 点和D 点，此时对应的城市人口和农村人口分别为 p_{u1}和 p_{r1}，城市工资率和农村工资率分别为 Y_{u1}和 Y_{r1}，且 $Y_{u1} = Y_{r1}$，城乡之间人口流动达到一种均衡状态。因此，我们说城乡收入差距的存在促进了城市化水平的提升。

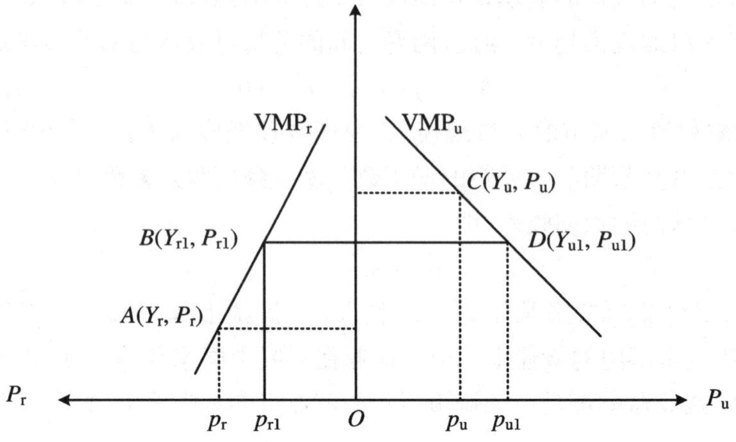

图 4.2　收入差距对城市化水平的影响机制

三、技术进步对城市化发展的作用机制

1．理论模型

设 λ_r 为农村部门技术进步系数（$\lambda_r \geqslant 1$），则农村部门的技术进步增长率为 $\lambda_r - 1$，t 时期农村部门的技术水平可表示为：$A_{rt} = \lambda_r^t A_{r0}$，$\lambda_u$ 为城市部门技术进步系数（$\lambda_u \geqslant 1$），则城市部门的技术进步增长率为 $\lambda_u - 1$，t 时期城市部门的技术水平为 $A_{ut} = \lambda_u^t A_{u0}$，整个社会的技术进步系数为 $\lambda = \sqrt{\lambda_r \lambda_u}$。

设农村部门和城市部门的生产函数可表示为：

$$Y_{rt} = (\lambda_r^t A_{r0})^{\alpha} L_{rt}^{1-\alpha} \tag{4.20}$$

$$Y_{ut} = (\lambda_u^t A_{u0})^{\theta} L_{ut}^{1-\theta} \tag{4.21}$$

其中 L_{rt} 和 L_{ut} 分别为 t 时期农村部门和城市部门的劳动力投入。为了便于考察技术进步对城市化水平的影响，本书假设：① 人口可以在农村和城市部门之间自由流动，即不存在任何的制度障碍和流动成本；② 总人口仅包括农村劳动人口和城市劳动人口，即不存在非劳动人口。

假设两个部门处在一个完全竞争市场中，厂商为了追求利润最大化，两个部门的工资水平等于该部门的劳动力边际产出，即：

$$W_{rt} = \frac{\partial Y_{rt}}{\partial L_r} = (1-\alpha)(\lambda_r^t A_{r0})^{\alpha} L_{rt}^{-\alpha} \tag{4.22}$$

$$W_{ut} = \frac{\partial Y_{ut}}{\partial L_u} = (1-\theta)(\lambda_u^t A_{u0})^{\theta} L_{ut}^{-\theta} \tag{4.23}$$

两个部门的工资差距是劳动力在两部门之间流动的主要动力，因此，当两部门的工资水平相等时，劳动力在两部门之间停止流动，即：

$$W_r = (1-\alpha)(\lambda_r^t A_{r0})^{\alpha} L_{rt}^{-\alpha} = (1-\theta)(\lambda_u^t A_{u0})^{\theta} L_{ut}^{-\theta} = W_u \tag{4.24}$$

由上式解得均衡条件下 t 时期城市部门的劳动力数量为：

$$L_{ut} = \left[\frac{(1-\alpha)(\lambda_r^t A_{r0})\alpha L_{rt}^{-\alpha}}{(1-\theta)(\lambda_u^t A_{u0})^{\theta}}\right]^{\frac{1}{-\theta}} \tag{4.25}$$

那么 $t+1$ 时期和 t 时期城市部门劳动人口的比值为：

$$\frac{L_{u(t+1)}}{L_{ut}} = \frac{\left[\frac{(1-\alpha)(\lambda_r^{t+1} A_{r0})^{\alpha} L_{r(t+1)}^{-\alpha}}{(1-\theta)(\lambda_u^{t+1} A_{u0})^{\theta}}\right]^{\frac{1}{-\theta}}}{\left[\frac{(1-\alpha)(\lambda_r^t A_{r0})^{\alpha} L_{rt}^{-\alpha}}{(1-\theta)(\lambda_u^t A_{u0})^{\theta}}\right]^{\frac{1}{-\theta}}}$$

$$\frac{L_{u(t+1)}}{L_{ut}} = \left(\lambda_r \frac{-\alpha}{\theta}\lambda_u\right)\left(\frac{L_{r(t+1)}}{L_{rt}}\right)^{\frac{\alpha}{\theta}} \tag{4.26}$$

进一步考察较长时期内农村劳动力人口的变化情况。设农村家庭的效用函数为：

$$C_r(t) = \frac{c^{1-\sigma}}{1-\sigma}e^{-\rho t} \tag{4.27}$$

其中 ρ 为贴现率，$\rho>0$。农业部门初始投入资本为 K_{r0}，则农户的资本存量为：

$$K_r^* = sK_r(t) - C_r(t) \tag{4.28}$$

从而农户终身效用最大化问题转化为：

$$\max\int_0^T \frac{c^{1-\sigma}}{1-\sigma}e^{-\rho t}\,\mathrm{d}t \tag{4.29}$$

s.t.　$K_r^* = sK_r(t) - C_r(t)$，且 $K_r(0)=K_{r0}$，$K_r(T)\geqslant 0$。

下面我们构建一个哈密尔顿方程，令

$$H = \frac{c^{1-\sigma}}{1-\sigma}e^{-\rho t} + \tau(t)(sK_r(t) - C_r(t)) \tag{4.30}$$

$$K_r(0) = K_{r0}, K(T) \geqslant 0 \tag{4.31}$$

该方程的最大化条件为

$$\frac{\partial H}{\partial C_r} = c^{-\sigma}e^{-\rho t} - \tau(t) = 0 \tag{4.32}$$

$$\frac{\partial H}{\partial K_r} = s\tau(t) \tag{4.33}$$

上式为线性齐次微分方程，其通解为：$\tau(t)=\tau_0 e^{-st}$，从而有：$c_r(t)=(\tau_0 e^{(\rho-s)t})^{-\frac{1}{\sigma}}$。

解下列非齐次微分方程

$$\frac{\partial K}{\partial t} - sK_{rt} = c_r(t) \tag{4.34}$$

其通解为

$$K_r(t) = B_0 e^{st} - \frac{C_0 e^{\frac{(s-\rho)t}{\sigma}}}{r} \tag{4.35}$$

其中，B_0 和 C_0 为常数。为了便于求解，我们令 $C_0 = \frac{1}{\tau_0^{\sigma}}$，从而有 $K_r(t) = B_0 e^{st} - \frac{c_r(t)}{s}$。横截条件为：$\lim_{T \to \infty} \tau(T) K_r(T) = 0$。

由于资本的边际产出价值不等于 0，从而有 $K_r(T) = 0$，再根据哈密尔顿函数的约束条件：$K_r(0) = K_{r0}$，可以得到 B_0 和 C_0 的值，从而得到：

$$c_r(t) = \frac{sK_{r0}}{1 - \frac{1}{e^{\frac{(s-\rho)T}{\sigma}}}} \tag{4.36}$$

$$K_r(t) = \frac{K_{r0}\left(e^{\frac{(s-\rho)T}{\sigma} + st} - e^{\frac{(s-\rho)t}{\sigma}}\right)}{e^{\frac{(s-\rho)T}{\sigma}} - 1} \tag{4.37}$$

当市场出清时有：$Y_{rt} = c_r(t)$，则 $L_{rt} = \left(\frac{c_r(t)}{(\lambda_r^t A_0)^{\alpha}}\right)^{\frac{1}{1-\alpha}}$。

较长时期来说，农村部门不存在技术进步，即当 $t = T \to \infty$ 时，$\lambda_r \to 1$，此时，$L_{rt} = \left(\frac{sK_0}{A_{r0}{}^{\alpha}}\right)\frac{1}{1-\alpha}$ 为常数，从而 $\frac{L_{u(t+1)}}{L_{ut}} = \lambda_u$。

设城市部门的均衡就业率为 E^*，人口总数为 P_u，那么 $t+1$ 时期和 t 时期城市部门总人口的比值为：

$$\frac{P_{u(t+1)}}{P_{ut}} = \frac{\frac{L_{u(t+1)}}{E^*}}{\frac{L_{ut}}{E^*}} = \lambda_u \tag{4.38}$$

由此得到城市人口的累积增长率与城市技术创新效率成正比，即说明技术创新能够提高城市化水平。

2. 作用机制

技术创新通过促进产业结构升级，提高企业的生产效率来促进经济增长和城市化的发展。一方面，技术创新能够降低企业生产成本，提高生产技术和产品质量，从而提高企业生产效率（Arthur，1989）。另一方面，生产效率的提高也会导致更多的要素和资本流入这些产业，这些产业的快速发展能够催化更多新兴产业的诞生，加快传统产业的更新换代，促进产业结构优化升级（梁树广，2014；谢婷婷等，2016）。此外，技术创新通过扩大收入差距进而影响城市化的发展。一般来说人均生产率较高的地区相应的劳动力价格也高，如果两个区域的技术水平存在一定的差异，就会导致两个地区的产出效率和收入水平存在一定的差距，劳动人口就会由人均产出率低的地区流向人均产出率高的地区。如图 4.3 所示，MP_A 代表区

域 A 的人均产出率，MP_B 代表区域 B 的人均产出效率，在 P_0 点，区域 A 的人均产出率就会高于区域 B，则区域 A 的劳动力价格也会高于区域 B，人口就会更多的流入区域 A，从而导致区域 A 的城市化水平高于区域 B。随着区域 B 人口的流出，区域 B 的人均产出率逐渐提高，而区域 A 的人均产出率逐渐降低。当区域 A 和区域 B 的人均产出率相等时（图中 P_1 点），劳动人口在两区域之间就会停止流动，从而达到一种均衡状态（图中 E_1 点）。现假设当区域 B 技术水平不变的情况下，区域 A 的技术水平提高，从而区域 A 的人均产出率曲线由 MP_{A1} 移动至 MP_{A2}，此时，区域 A 的人均产出率又会高于区域 B 的人均产出率，由于收入差距的存在，劳动人口会进一步由区域 B 流入区域 A，直到达到一个新的均衡点 E_2，此时，区域 A 的人均产出率等于区域 B 人均产出率，但是区域 A 的劳动人口由 Q_1 增加到 Q_2，城市化水平得到提升，而区域 B 的人口减少，城市化水平也随之降低。

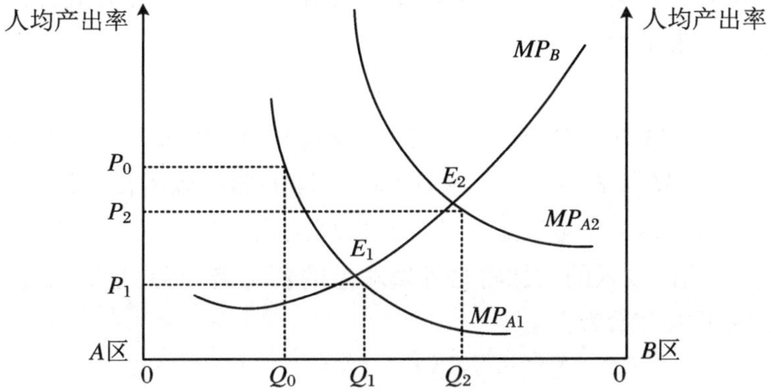

图 4.3　技术进步对区域间城市化水平的影响机制

四、对外开放度对城市化发展的作用机制

其一，对外开放主要通过促进经济增长来促进城市化的发展。第一，对外开放增加了各行业国内外竞争的压力，为了获得比较优势，各企业会最大程度地发挥各自拥有的资源、劳动力和技术的效用，从而促进了生产技术水平和产品质量的提升，竞争的同时提高了产业劳动力技能的熟练程度，从而提高了企业的竞争能力和劳动生产效率，进而促进国内经济的增长。第二，对外开放扩大了投资规模。对外开放具有招商引资的功能，对外开放程度的加大往往伴随着外商直接投资的增加，外商直接投资的增加不仅创造了就业机会，促进了劳动力的转移，同时也推动了城市工业集聚，产生了规模效应，促进了国内经济的发展。第三，对外开放程度加强了国际产品之间的流动，各企业在提高生产效率改善产品质量的同时，也会借鉴和

学习国外新的产品和技术，从而加快了国内产品和产业的换代升级，优化了产业结构，促进了经济增长和城市化的发展。第四，对外开放能够促进技术创新，从而带动城市化的发展。对外开放是知识和技术溢出的重要途径，很多企业通过“干中学”的途径，学习并掌握了国外先进的技术，提高了企业的技术水平，最后再通过不断的改进和创新，推动了企业的技术进步，从而促进了经济增长和城市化的发展。

其二，对外开放通过改变就业水平推动城市化的发展。首先，由于生产要素禀赋的差异，同一种商品在不同的国家其相对价格就会有所差异，对于一些劳动稀缺的发达国家来说，他们的资本更富裕、技术更成熟，因而生产资本密集型和技术密集型产品更具有比较优势，而对于像中国这样的发展中国家，由于自然资源和劳动力资源丰富，因此会选择生产更多的劳动密集型产品。因此对外开放程度的提升增加了国际对劳动密集型产品的需求，因而有利于提高城市就业率，从而带动了人口城市化的发展。其次，对外开放增加就业具有乘数效应。在开放经济条件下，国民收入函数可以表示为：

$$Y = C + I + G + (X - M) \tag{4.39}$$

其中，C 代表本国总消费额，I 代表本国总投资额，G 代表本国政府购买总额，X 代表本国出口额，M 代表本国进口额，因此，一国的国民收入由本国的消费、投资、政府支出及净出口四个变量决定。贸易乘数理论认为当一国的投资乘数和边际消费倾向不变时，国民收入的增加将是外贸顺差的若干倍，而就业量也会增加同样的倍数。用公式可以表示为：

$$\Delta Y = k[\Delta I + (\Delta X - \Delta M)] \tag{4.40}$$

其中，ΔY 为国民收入增量，ΔI 为投资增量，$(\Delta X - \Delta M)$ 为净出口增量，k 为贸易乘数或投资乘数。因此当净出口增加 k 倍时，根据贸易乘数理论，国民收入和就业量也会增加同样的倍数。

此外，城市化过程就是各种空间和人造环境的创建过程，而这种过程是在资本的控制和作用下产生的结果，是资本积累的需要（Harvey D，1985）。对外开放程度的加大扩大了国外资本的流入，这为政府竞争提供了很好的契机。为了发展地方经济，各级政府纷纷出台优惠政策，不惜以低价出让土地的方式来吸引国外稀有资本流入本地，从而增加本地区的竞争实力，因此，外资的流入以及利益的驱使使得城市的空间壁垒不断打破，城市规模不断地扩大和延伸，加速了空间城市化的发展（李婕 等，2012）。

第二节　城市化动力因素的区域差异性分析

一、区域间经济水平与产业结构的差异

改革开放以来，我国经济发展水平和工业化水平均得到了快速发展，1978 年我国国内生产总值为 3678.7 亿元，2022 年增加到 1210207.2 亿元，是改革开放时期的 329 倍。但是，当我们在关注这一惊人的发展速度之时，也要注意到，受历史基础、自然环境以及国家发展战略的影响，各地区经济发展水平的差距也越加明显。从国家统计局发布的数据来看，2022 年，国内生产总值占全国比重最高的省(区、市)为广东，占比为 10.66%，最低的省(区、市)为西藏，占比为0.176%，两者相差了 10.48%。且已有研究表明，1989 年全国人均国内生产总值的泰尔指数为 0.037，2008 年增加到 0.395，在此期间我国区域经济差异的泰尔指数一直呈上升趋势(周喆，2012)。从东、中、西三大区域之间的差异来看，1978—2022 年我国东部地区包括北京、天津、河北、上海、江苏、浙江、福建、山东、广东、海南在内的 10 个省(区、市)的人均国内生产总值占全国的比重整体呈现波动上升的趋势，中部地区包括山西、安徽、江西、河南、湖北、湖南、吉林、黑龙江在内的 8 个省(区、市)和西部地区包括广西、重庆、四川、贵州、云南、西藏、陕西、甘肃、青海、宁夏、新疆、内蒙古在内的 12 个省(区、市)的国内生产总值占全国的比重均呈现波动下降的趋势。由此可见，虽然全国各省的总产值都在上升，但是东部地区的发展速度明显快于中、西部地区。有学者将中国各地区的经济发展状况概括为“一个中国，四个世界”。第一世界是上海、北京和深圳。1999 年，上海和北京人均 GDP 明显高于中等收入国家平均水平(为 8320 美元)，两地人口占全国总人口的 2.2%。第二世界是大中城市和沿海中上等收入地区，天津、广东、浙江、江苏、福建、辽宁等沿海省(区、市)人均 GDP 均高于世界下中等收入国家平均水平，六省市人口占全国人口的 21.8%。第三世界是下中等收入地区，包括沿海地区的河北、东北、华北中部部分地区，人均 GDP 均低于下中等收入国家平均水平，人口占总人口的 26%。第四世界包括中西部贫困地区、少数民族地区、农村地区、边远地区、低收入地区，人均 GDP 低于世界低收入国家平均水平，人口约 6.3 亿，占全国总人口数的 50%(闫洪超，2009)。

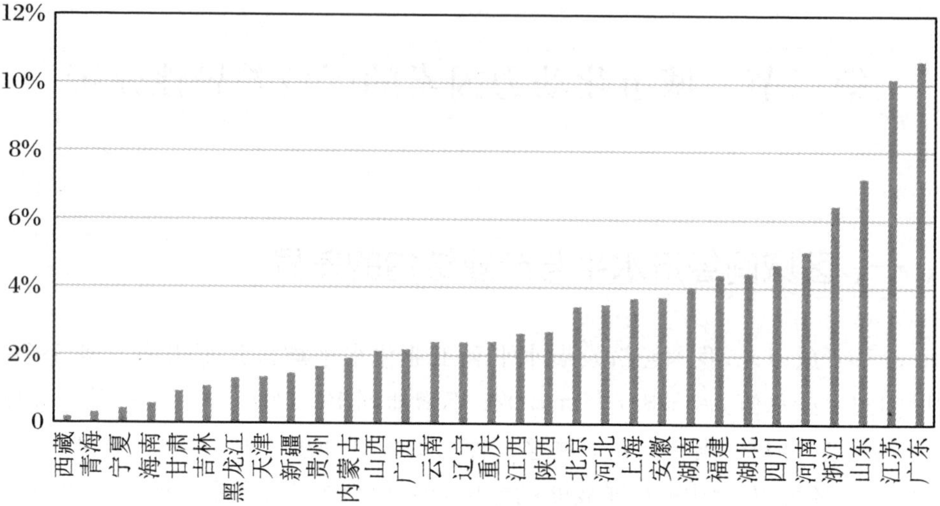

图 4.4　2022 年中国 31 省(区、市)总产值占全国总产值比重

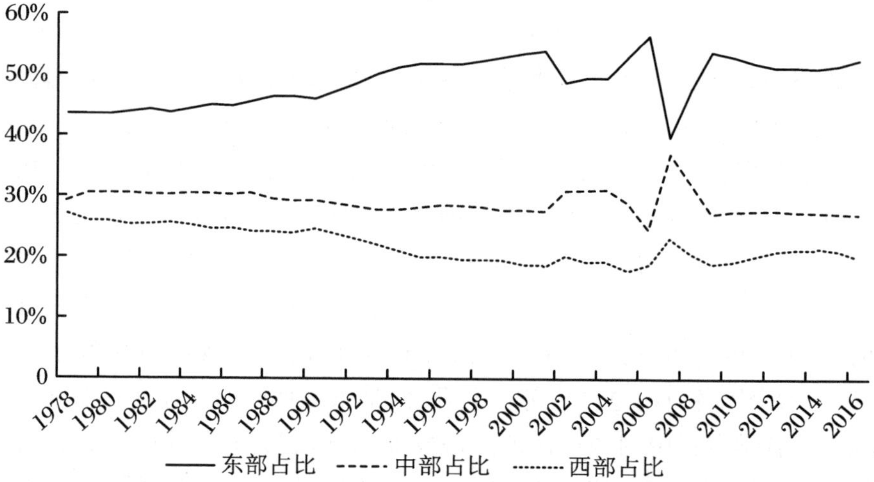

图 4.5　1978—2022 年东、中、西三个地区总产值比重变化趋势

数据来源:《新中国 60 年统计资料汇编》和《中国统计年鉴》。

在各区域 GDP 水平表现出巨大差异的同时,我国 31 个省(区、市)工业化水平也出现了相同的发展趋势。参照商勇(2015)的做法,进一步选取第二、三产业增加值比重、工业生产总值占比、规模以上工业企业个数、规模以上工业企业 R&D 投入强度等主要指标对我国 2022 年 31 个省(区、市)工业化综合发展水之间的差异进行分析。第二、三产业增加值比重是体现一个地区产业结构和工业化水平的一个重要指标,如表 4.1 所示,2022 年各省第二、三产业增加值占比排名前十的省(区、市)依次为上海、北京、天津、浙江、江苏、广东、山西、福建、江西和山东,其中前三名均为我国一线发达城市。工业生产总值占比是工业化经济效益和发展水平的直接体现，目前工业化生产总值占比最高的山西为49.76%，而最少的西藏只有9.42%，前者是后者的5倍之多。此外，通过对比各省(区、市)规模以上工业企业个数发现，个数最多的为广东，企业个数达到了70702个，而江苏排名第二，最后一名仍是西藏，企业个数只有190个，由此可见我国各省工业生产总值和规模以上工业企业个数的发展趋势基本上是一致的，但各地区发展状况参差不齐，差距较大，如图4.6所示。规模以上企业R&D投入强度可以反映一个地区工业企业科研资金的投入规模和科研水平状况，也是工业化发展水平的一个重要衡量指标，31个省(区、市)R&D投入规模最大的广东为772585万元，最少的西藏为173万元，两者竟相差4465倍之多。

表4.1　2022年省(区、市)工业化水平评价的描述性指标

省(区、市)	第二、三产业增加值比重(%)	工业产值占比(%)	规模以上工业企业个数(个)	规模以上工业企业R&D投入强度(万元)
北京	99.7	12.10	3141	53459
天津	98.3	33.12	5812	51110
河北	89.6	34.64	18077	111333
山西	94.8	49.76	7688	40034
内蒙古	88.5	41.90	3591	24931
辽宁	91.0	35.34	8923	67503
吉林	87.1	28.60	3216	15297
黑龙江	77.3	26.78	4532	18483
上海	99.8	24.17	9432	100972
江苏	96.0	39.55	61504	655930
浙江	97.0	37.15	56229	519168
安徽	92.2	30.62	21484	180814
福建	94.2	36.96	20691	193782
江西	92.4	36.70	17614	101018
山东	92.8	32.87	35322	391781
河南	90.5	31.94	23805	175486
湖北	90.7	32.65	18388	168695

续表

省(区、市)	第二、三产业增加值比重(%)	工业产值占比(%)	规模以上工业企业个数(个)	规模以上工业企业 R&D 投入强度(万元)
湖南	90.5	30.87	19885	174121
广东	95.9	36.96	70702	772585
广西	83.8	25.76	8959	37341
海南	79.2	11.29	665	3961
重庆	93.1	28.41	7616	83623
四川	89.5	28.92	17523	117859
贵州	85.8	27.24	5332	29129
云南	86.1	24.86	4895	27950
西藏	91.6	9.42	190	173
陕西	92.1	40.15	7772	60713
甘肃	86.5	29.44	2518	14487
青海	89.6	34.04	646	1878
宁夏	92.0	41.31	1476	10804
新疆	85.9	33.95	4381	10248

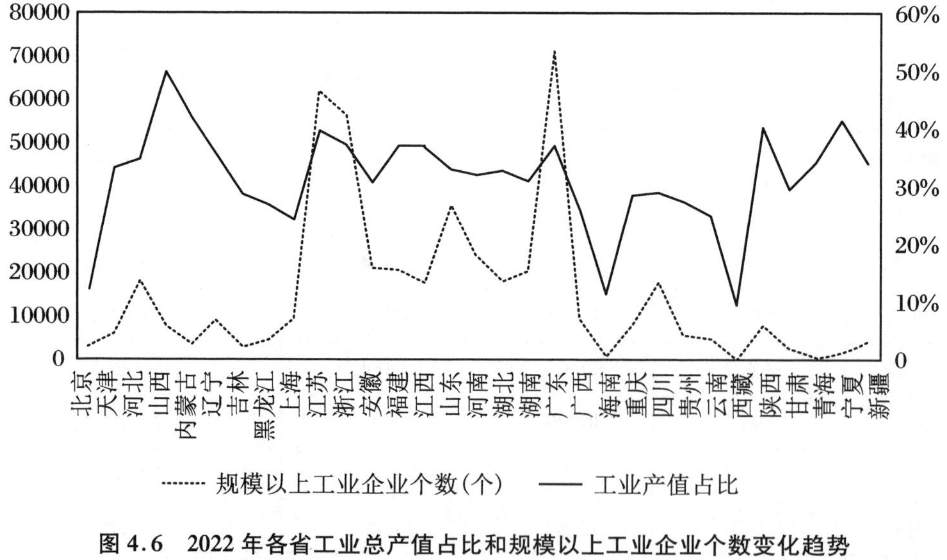

图 4.6　2022 年各省工业总产值占比和规模以上工业企业个数变化趋势

数据来源:《中国统计年鉴(2022)》。

二、区域间城乡居民收入水平的差异

区域收入差距主要表现在两个方面:一是区域内城乡收入水平的差距,二是不同区域间收入水平的差距。当这两种收入差距同时存在时,不仅会促进劳动人口在城乡之间流动,还会促进劳动人口在区域之间的流动,而目前我国城乡之间和区域之间的收入差异较为明显。从各区域收入差距的动态演变趋势来看,2005—2022年我国东、中、西部各省(区、市)城镇居民人均可支配收入差距虽然有缩小的趋势,但是各区域间收入差异仍比较显著,尤其东部和西部、中部和西部城镇居民人居可支配收入差距仍在进一步扩大。表4.2为2022年可以反映我国31个省(区、市)居民收入水平状况的指标。从表中可以看出2022年我国东部地区的北京、天津、广东、上海、江苏、浙江等地的人均可支配收入水平明显高于中、西部地区,且人均可支配收入最高的上海和最低的甘肃相差近4倍。从各地区城镇单位就业人员平均工资水平来看,我国东部地区平均工资水平最高的上海达到了212476元,且平均工资水平为55746.9元/人。而中部和西部地区的平均水平只有35021.3元/人和34589.4元/人。从城乡收入差距来看,我国城镇居民人均可支配收入最高的上海和农村居民人均可支配收入的甘肃相差近7.74倍,是全国城乡居民收入差距水平的2.85倍。由此可见,区域间收入水平的巨大差异仍是导致我国区域城市化非均衡发展的主要原因。

表4.2　2022年省(区、市)居民收入水平评价指标

省(区、市)	城镇居民人均可支配收入(元)	农村居民人均可支配收入(元)	全体居民人均可支配收入(元)	城镇单位就业人员平均工资(元)	城乡收入差距(比值)
北京	84023	34754	77415	208977	2.42
天津	53003	29018	48976	129522	1.83
河北	41278	19364	30867	90745	2.13
山西	39532	16323	29178	90495	2.42
内蒙古	46295	19641	35921	100990	2.36
辽宁	44003	19908	36089	92573	2.21
吉林	35471	18134	27975	87222	1.96
黑龙江	35042	18577	28346	88235	1.89
上海	84034	39729	79610	212476	2.12

续表

省(区、市)	城镇居民人均可支配收入(元)	农村居民人均可支配收入(元)	全体居民人均可支配收入(元)	城镇单位就业人员平均工资(元)	城乡收入差距(比值)
江苏	60178	28486	49862	121724	2.11
浙江	71268	37565	60302	128825	1.90
安徽	45133	19575	32745	98649	2.31
福建	53817	24987	43118	103803	2.15
江西	43697	19936	32419	87972	2.19
山东	49050	22110	37560	102247	2.22
河南	38484	18697	28222	77627	2.06
湖北	42626	19709	32914	101388	2.16
湖南	47301	19546	34036	91413	2.42
广东	56905	23598	47065	124916	2.41
广西	39703	17433	27981	92066	2.28
海南	40118	19117	30957	104802	2.10
重庆	45509	19313	35666	107008	2.36
四川	43233	18672	30679	101800	2.32
贵州	41086	13707	25508	95410	3.00
云南	42168	15147	26937	103128	2.78
西藏	48753	18209	26675	154929	2.68
陕西	42431	15704	30116	98843	2.70
甘肃	37572	12165	23273	90870	3.09
青海	38736	14456	27000	115949	2.68
宁夏	40194	16430	29599	114631	2.45
新疆	38410	16550	27063	101764	2.32

三、区域间技术水平的差异

一个地区技术水平的差异主要体现在两个方面，即技术投入水平的差异和技术产出水平的差异。已有的研究中，学者们多采用 R&D 人员全时当量和 R&D 经费支出作为技术创新投入水平的衡量指标，采用专利申请受理数作为技术进步产出水平的衡量指标（唐福国 等，2001；贺建风 等，2010）。下文将分别从这两个角度对不同区域技术水平的差异及其变化趋势进行对比分析。

第一，从各省（区、市）技术创新投入的力度来看，2022 年 R&D 人员全时当量排名前三的分别为江苏、广东和浙江，而 R&D 经费支出排名前三的也是广东、江苏和浙江，其中 R&D 人员全时当量最多的广东和最少的西藏相差了 4465 倍之多，R&D 经费支出也相差超过 1848 倍，如图 4.7 和图 4.8 所示。此外，东、中、西部三大地区 R&D 人员数量和经费支出占全国的比重分别为 67.92%、19.64%、12.44%和 70.52%、17.26%、12.22%，东部所含省（区、市）不到全国 1/3，其占比却超过了 60%甚至 70%以上。从动态的变化趋势来看，2005—2015 年，我国 31 个省（区、市）R&D 人员数量年均增长率最高的三个省（区、市）分别为我国东部地区的江苏、浙江和海南，而 R&D 经费支出年均增长率最高的省（区、市）为中部地区的内蒙古和西部地区的重庆和东部地区的浙江，如图 4.9 所示。由此说明区域之间技术进步投入力度的差别之大。

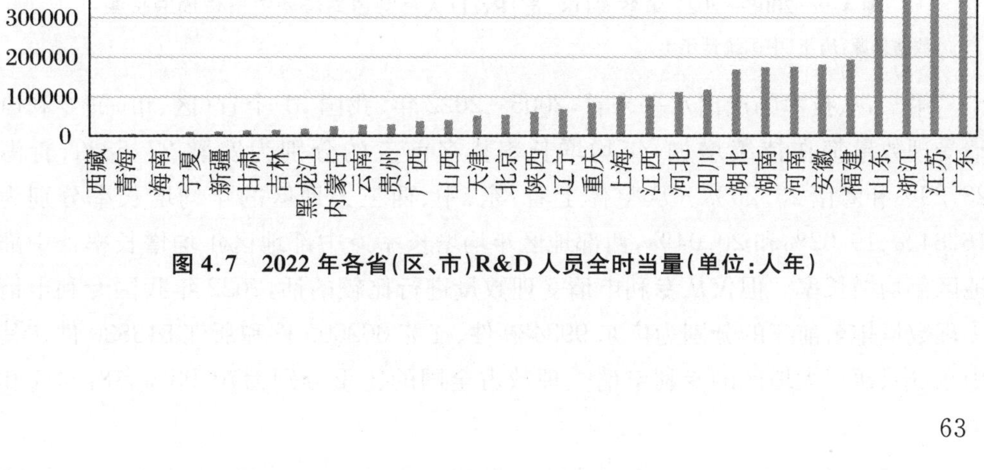

图 4.7　2022 年各省(区、市)R&D 人员全时当量(单位:人年)

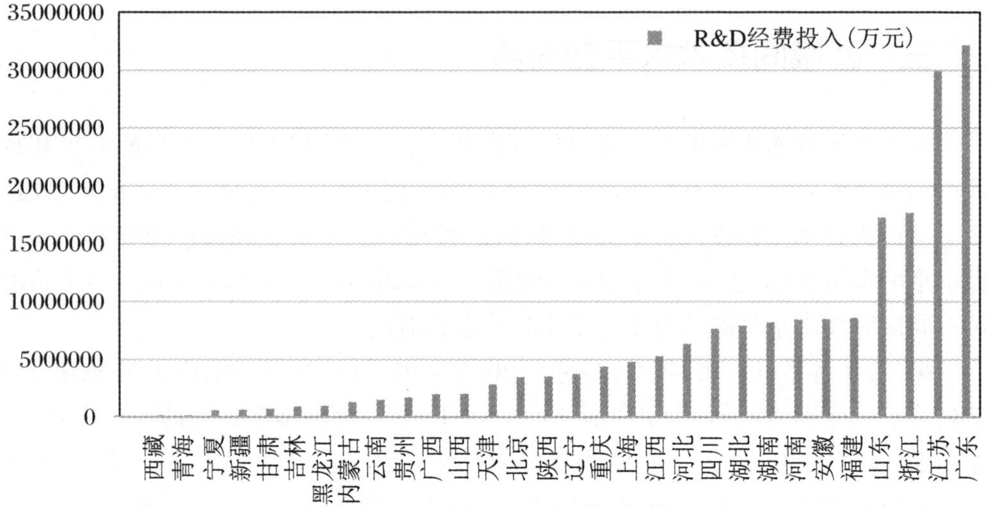

图 4.8　2015 年各省(区、市)R&D 经费支出数量(单位:万元)

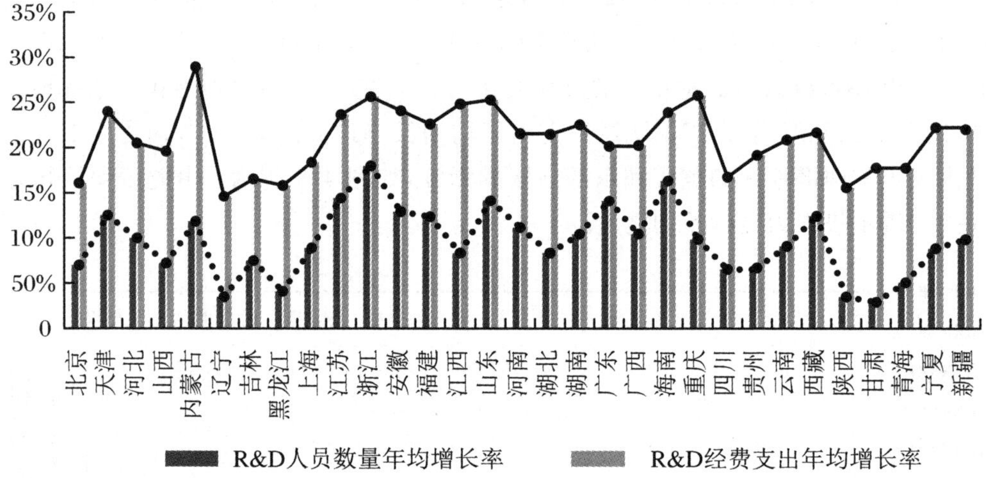

图 4.9　2005—2022 年各省(区、市)R&D 人员数量与经费支出年均增长率

数据来源:历年《中国统计年鉴》。

第二,从技术的产出水平来看,2005—2022 年,我国 31 个省(区、市)的专利申请受理数量都在持续增加,年均增长率排名前三的分别为安徽 27.58%、青海 23.29%和海南 23.20%。从整体上看,东、中、西三大地区的年均增长率分别为 16.84%、19.02%和 20.04%,西部地区年均增长率>中部地区年均增长率>中部地区年均增长率。但仅从专利申请受理数量进行比较的话,2022 年我国专利申请受理数量排名前三的分别为广东 993480 件、江苏 662509 件和浙江 513830 件。其中东、中、西三大地区的专利申请受理数占全国的比重分别为70.93%、18.64%和

10.43%，东部地区达到了中部地区和西部地区的3～4倍之多，就连排名前三的江苏、浙江和广东的专利受理数量就分别超出了我国中部9个省(区、市)和西部11个省(区、市)的2.25倍和4.02倍，如图4.10和图4.11所示。由此可见，虽然我国中、西部地区技术产出水平正在努力提升，但与中部诸多省(区、市)仍存在巨大的差距。

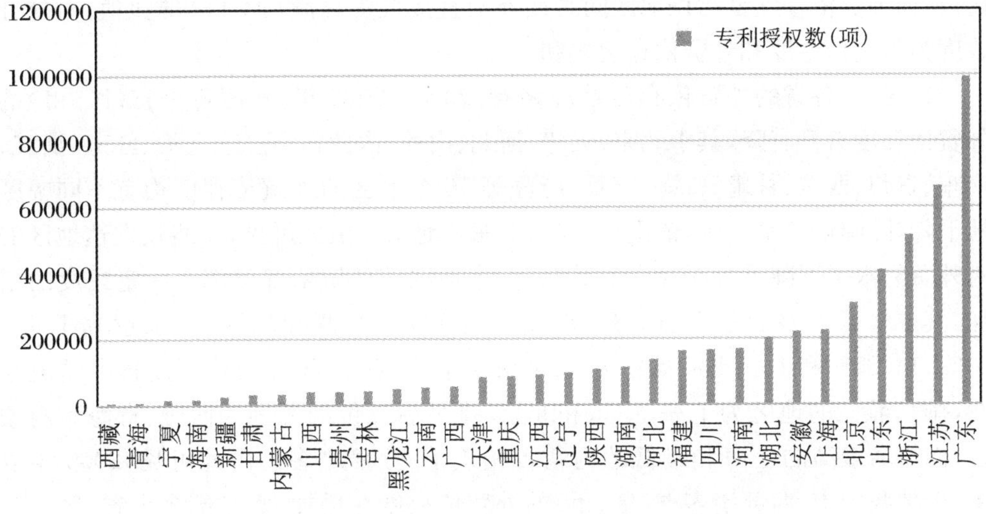

图4.10　2022年各省(区、市)专利申请受理数量(单位:件)

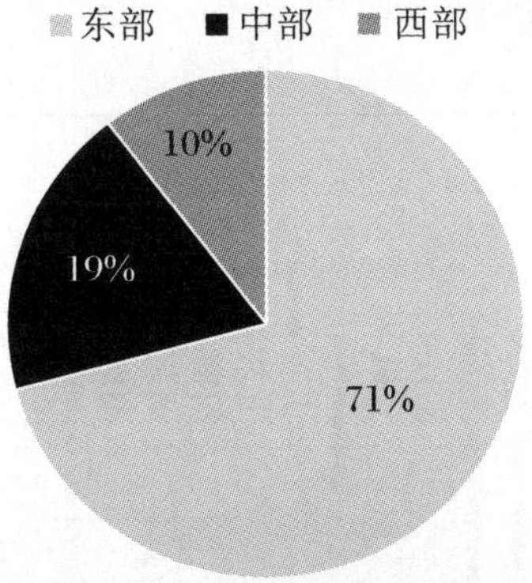

图4.11　2022年东、中、西部专利申请受理数量占全国比重

数据来源:《中国统计年鉴(2022)》。

四、区域间对外开放水平的差异

对外开放有利于各国之间文化、教育、科技的交流与学习，促进国家的经济发展。对于中国而言，对外开放水平的提升有利于我国加速建设社会主义现代化强国。但是，同经济发展水平一样，我国各省(区、市)的对外开放程度也存在明显的差异。当前，贸易投资一体化成为世界经济全球化的主要趋势，因此，国际贸易和对外投资成为衡量对外开放程度的主要指标。本书参照赵曦等(2005)和胡国珠等(2014)的做法，从外贸依存度和外资依存度两个方面对比分析我国省域对外开放水平之间的差异。其中，外贸依存度是指该地区同时期进出口贸易总额和GDP的比值，而外资依存度是指该地区同时期外国直接投资总额与GDP的比值，对外开放度为外贸依存度和外资依存度之和。

首先，从各省的外贸依存度情况来看，2005—2022年，我国各个省(区、市)的外贸依存度有升有降，其中北京、天津、河北、山西、内蒙古、辽宁、上海、江苏、浙江、广东、贵州、西藏、甘肃、青海、宁夏、新疆等16个地区的外贸依存度均有不同幅度地下降，降幅最多是广东，依次是天津、上海和北京。由此可见，一线较发达地区的对外贸易水平下降最为明显。而其余15个地区的外贸依存度都有一定幅度的增加，其中涨幅最多的三个省(区、市)分别是重庆、广西和江西，分别达到了19.83%、14.85%和13.78%，如图4.12所示。仅从2022年外贸依存度排名情况来看，排名前三的地区为上海、广东和北京，排名后三位的分别为西藏、青海和内蒙古，而排名最高的上海和最低的内蒙古相差了25倍之多。由此可见，2005年以来，虽然我国中、西部诸多省(区、市)的外贸依存度在增加，而东部多个省(区、市)的外贸依存度在减少，但是由于我国中、西部各地区的外贸依存度起点较低，整体水平和东部地区还相差甚远。

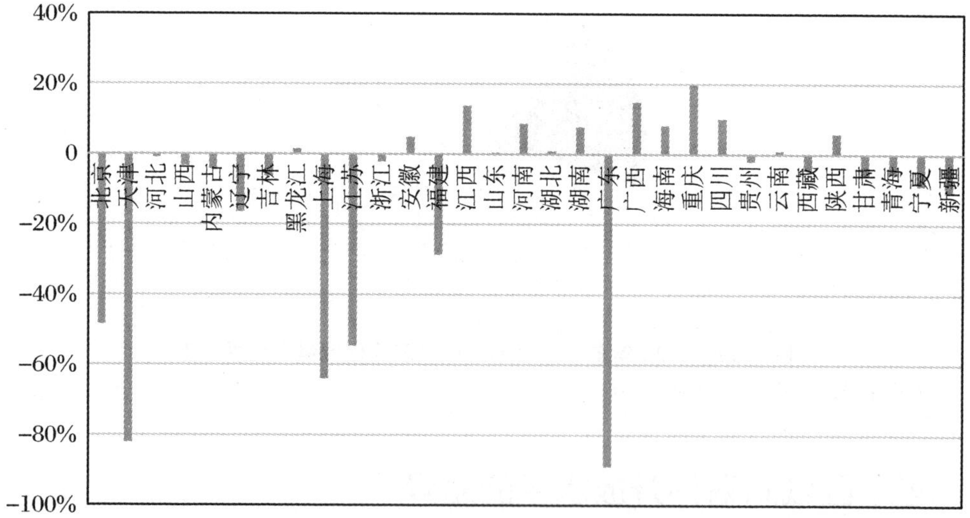

图4.12　2005—2022年各省(区、市)外贸依存度涨幅情况

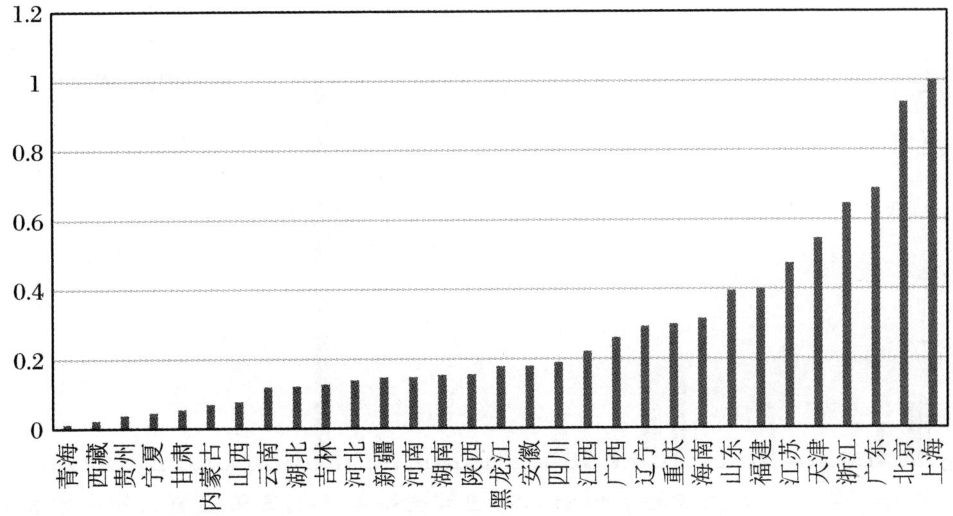

图 4.13　2022 年各省(区、市)外贸依存度

数据来源:《中国统计年鉴(2022)》。

其次,从各省(区、市)的外资依存度比较来看,2001 年我国外资依存度最高的三个省(区、市)为海南、上海和天津,分别为 6.1348、1.7903 和1.4731。到了 2015 年排名最高的三个省(区、市)为海南 6.4081、上海1.6394和北京 1.0311,这些省(区、市)均是我国东部较发达地区,如图 4.14 所示。此外,从我国东、中、西三大地区来看,2001—2015 年东、中、西三大地区外资依存度均在下降,且下降幅度依次为东部 36.37%,西部 28.74%,东部 19.74%,但是从均值来看,我国东部地区外资依存度最高,中部次之,西部最低。由此可见,同外贸依存度相似,虽然我国东部地区外资依存度下降幅度较大,但发展水平仍然明显高于中、西部地区,如表 4.3 所示。

表 4.3　2001—2015 年东、中、西三大地区外资依存度变化情况

时间	东部	中部	西部	时间	东部	中部	西部
2001 年	0.9795	0.2149	0.2300	2009 年	0.6518	0.1763	0.1801
2002 年	0.9870	0.2510	0.2249	2010 年	0.6098	0.1637	0.1667
2003 年	0.9520	0.2497	0.2207	2011 年	0.5594	0.1491	0.1482
2004 年	0.9261	0.2399	0.2207	2012 年	0.5286	0.1398	0.1420
2005 年	0.9021	0.2411	0.2111	2013 年	0.5235	0.1388	0.1385
2006 年	0.8700	0.2538	0.2048	2014 年	0.5276	0.1446	0.1440
2007 年	0.8178	0.2361	0.2033	2015 年	0.6232	0.1725	0.1639
2008 年	0.7158	0.1858	0.1928	均值	0.7450	0.1972	0.1861

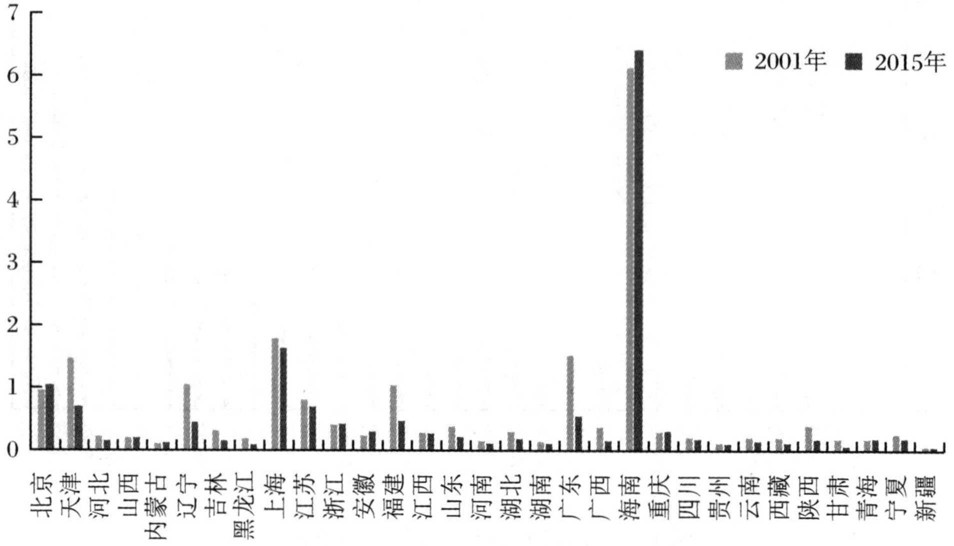

图 4.14　2001 年和 2015 年各省(区、市)外资依存度

综上可知，虽然我国中部和西部地区的对外开放度增速较快，但东部地区各省(区、市)的对外开放度明显高于中部和西部省(区、市)的对外开放程度。由此可见，我国区域间对外开放水平差异较大，见图 4.15。

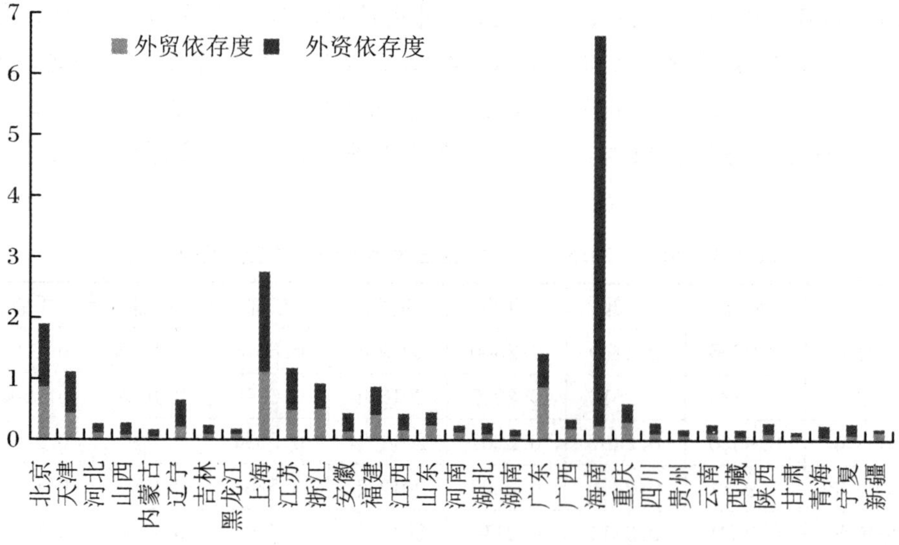

图 4.15　2015 年各省(区、市)对外开放度

第五章　城市化发展中的政府行为

第一节　政府行为理论

一、古典经济学理论:市场调节的作用

1776年,亚当·斯密在其著作《国富论》中指出:“政府增加国民财富、促进公共利益的最好经济政策,就是给私人经济以完全自由,任其自由发展、自由竞争,自由贸易,反对国家干预”。亚当·斯密认为人的本性都是利己的,因此经济发展的动力就是来自于个人对自身利益的最大化追求,只有充分利用市场这只“看不见的手”才能使个人利益达到最大化,从而促进国民财富的不断积累。《国富论》的诞生为西方古典自由主义经济学的发展奠定了理论基础,到了19世纪后期以马歇尔为代表的新古典主义经济学派继承了亚当·斯密的观点,认为在自由经济条件下,市场竞争能够促使商品市场、劳动市场以及要素市场进行自我调节,从而达到一种均衡状态,政府的干预只会打破这种均衡,扰乱市场秩序,引起经济社会动荡。这一理论的核心思想认为政府任何干预市场经济运行的行为都会降低市场资源的配置效率。在20世纪30年代以前,新古典经济学理论中自由放任的思想一直是西方经济学派的主流思想,直到20世纪30年代西方资本主义市场经济危机的发生对新古典主义理论造成了重大冲击,因为该理论无法解释经济危机产生的原因,也找不到任何的解决办法。

二、凯恩斯主义理论:市场失灵与政府干预

面对严重经济危机,1993年,罗斯福新政提出了政府干预市场的财政政策。1996年,凯恩斯在罗斯福新政基础上发表了著作《就业、利息和货币通论》,由此诞生了凯恩斯主义理论。凯恩斯认为市场经济不能自动达到均衡,经济危机产生的

根本原因是有效需求不足，因此社会的总供给和总需求也难以达到均衡，应当放弃自由经济，主张政府干预。在有效需求不足的情况下，政府应当通过扩张的财政政策刺激消费投资，从而增加就业。凯恩斯主义理论为当代西方资本主义世界摆脱经济危机起到了一定的积极作用，同时也为政府干预理论奠定了基础。1985 年，哈佛大学教授巴托在其文章《市场失灵的解剖》首次提出了“市场失灵”的概念，并系统地阐释了市场失灵理论。后来马歇尔、萨缪尔森、斯蒂格利茨等经济学家对市场失灵理论进行了不断的深化和发展。市场失灵理论的诞生对 20 世纪 30 年代经济危机产生的原因进行了深入的解释。市场失灵理论认为古典经济学中完全竞争市场的假设过于苛刻，在现实生活中是不可能完全存在的。在市场不完善的情况下，垄断、公共物品、外部性以及信息不完全、不对称等问题的存在都会造成市场资源配置效率低下，从而难以达到社会福利最大化。市场失灵理论同样强调了政府干预的重要性，相较于凯恩斯主义理论而言，市场失灵理论使得政府干预的政策行为更具有理性主义色彩。

三、公共选择理论：政府失灵

凯恩斯主义的盛行促使政府过多地干预市场经济，从而造成了巨额的财政赤字和通货膨胀，由此说明政府对经济的干预是存在缺陷的，这也为公共选择理论的产生创造了客观的经济环境。20 世纪 50 年代，美国经济学家詹姆斯·布坎南以公共物品的生产和消费为研究对象，对政府干预的缺陷及解决办法进行了深入的分析。布坎南认为人的本性都是一样的，都是以追求个人利益的最大化为动机进行经济活动，从这个角度来说，经济活动与政治活动并无区别。因此布坎南把人类的经济行为和政治行为作为统一的研究对象，以“经济人”假设为前提，对政府干预过程中的局限性进行了分析。布坎南认为由于缺乏竞争和监督，政府在提供公共物品时会出现浪费和滥用资源的趋向，从而造成公共支出规模过大或者效率过低，即政府失灵。政府失灵会导致公共决策失误、政府机构效率低下、权力寻租以及政府扩张等问题的产生。针对政府失灵所产生的一系列问题，公共选择理论认为，应当消除政府公共物品供给的垄断性，建立内部竞争机制，提高政府干预的有效性。

四、新制度经济学理论：政府制度安排

以科斯和诺斯为主要代表人物的新制度经济学首次将制度纳入经济学的分析框架中，围绕“产权”和“交易费用”两个核心概念，对制度及其制度变迁在经济增长中的重要作用进行了分析。诺斯(1981)认为制度对于经济增长具有重要作用，即

使在没有技术进步的情况下，制度创新或变迁也能够提高生产效率，促进经济增长，所以说，经济增长理论中所强调的资本、要素和技术等只是经济增长的表象，而制度才是推动经济增长的唯一根源。新制度经济学认为，政府是国家制度安排的重要主体，政府的主要职能就是通过制度安排和政策制定对国民经济发展施加影响。

第二节　政府行为与城市化发展的内在联系

政府主导的城市化进程是中国城市化道路区别于西方国家的一个显著特征（谷荣，2006；孙雪 等，2013），学者们高度关注，并且从不同角度对政府行为与中国城市化发展之间的关系进行了研究。

一、制度、政策对城市化的影响

政府主要通过制度安排和政策实施来影响城市化的发展。国外学者认为政府的制度安排和政策实施对城市化格局具有重要影响。Glaeser（1995）认为在高度集权和专制的国家首都规模较大，其城市规模分布呈首位模式。Lee J G 等（2003）发现基础设施投资、民主化和分权程度都会加剧城市的分散化发展。Henderson（2005）认为政府制度与政策对城市化的影响主要体现在以下两个方面：其一，土地制度、财产制度等都会对城市形成过程和城市规模等产生重要影响；其二，国家层面的移民政策、贸易政策以及基础设施投资政策等都会对人口迁移模式和城市体系等产生深刻影响。Henderson（2007）认为民主化程度会对城市规模和数量产生显著影响，尤其对于小规模城市来说影响效果更为显著。Duranton（2009）研究发现贸易保护、人口流动、二元劳动力市场结构等制度安排对发展中国家城市体系和城市发展的影响较大。此外，还有部分学者对不同国家和区域的政府制度、政策对城市化进程的影响效果进行了研究，均认为政府政策和制度对城市化进程产生了显著的影响（Wei et al.，2003）。

国内学者主要从人口迁移的角度对政府制度、政策和城市化发展之间的关系进行了深入研究。李若建（2001）和陶然等（2005）诸多学者认为土地制度、户籍制度、地方财政体制等会对中国的人口迁移和分布产生重要影响。首先，户籍制度是劳动力市场上就业保护的重要基础（蔡昉 等，2001），周文等（2017）研究结果表明在严格的户籍制度限制下，只有拥有较高人力资本的农村劳动力才会迁入城市，因此，严格的户籍制度会阻碍城市化的发展，相反，宽松的户籍制度使得更多农村劳动力迁移城市。其次，土地制度是农村剩余劳动力转移的利益保障，因为农民转变为市民的资本主要来源于农地利用性质转变而产生的相对可观的土地增值收益（陈文琼 等，2018）。最后，财政体制是居民享受社会福利的重要保障（孙文基，2011）。杨永华（2010）认为中国快速发展的城市化在很大程度上是以一种非均衡发展的模式实现的，而土地制度、户籍制度和财政制度的二元体制结构是造成这一问题的主要原因。所以说，打破城乡二元体制结构，实现土地制度、户籍制度和财政制度的彻底性改革是推动中国城市化持续健康发展的关键（钟怀宇，2013）。

二、户籍制度与城市化发展

户籍制度是影响劳动力流动和城市化发展的主要原因（Lu et al.，2014），围绕户籍制度对城市化进程产生的影响，学者们已从不同角度进行了分析。多数学者认为，自1958年中国颁布《中华人民共和国户籍管理条例》以来，所实施的一系户籍管理制度进一步固化了我国的城乡二元结构，阻碍了城乡劳动力的自由流动，对中国城市化进程和形态产生了重要影响（蔡昉，2001；Bosker et al.，2012；梁琦 等，2013）。有史以来，流动人口对城市化发展产生的影响一直是中国城市化进程中的一项重要挑战（世界银行，2014），严格的户籍制度导致绝大多数进入城市的农村剩余劳动力在就业、生活以及子女教育等多方面受到歧视，农村流动人口因无法公平地享受城市提供的社会福利而未能实现留城定居的美好愿景（白南生 等，2008；周文 等，2017），但无论是“候鸟式”的迁移还是“拔根式”的迁移，外来迁移人口与城市原住居民的福利待遇均存在着很大的差别（魏后凯 等，2014）。此外，还有部分学者认为在经济层面上，户籍制度抑制了农民工收入和消费水平的提升，阻碍了劳动力市场的优化配置，降低了经济增长，也阻碍了城市化进程（蔡昉，2000；蔡昉 等，2001；雷潇雨 等，2014）。针对以上户籍制度管理所产生的一系列问题，学者们一致认为应当加快中国户籍制度的改革进程。户籍制度是人口登记、就业管理和社会保护三位一体的制度体系，对户籍制度的全面改革必将改善劳动力就业的市场环境，进一步刺激劳动力流动和供给，从而产生新的制度红利促进中国经济可持续、健康发展（都阳 等，2014）。梁琦等（2013）认为户籍制度改革并不会造成城市规模的无限扩张，城市高生活成本的约束会阻碍户籍制度放松对城市规模扩张的影响，因此应当加快我国户籍制度改革。综上可知，中国的户籍制度改革迫在眉睫，但事实上中国户籍制度改革的进程却难以推进。针对这一现象，学者们也进行了深入的探讨，归结起来主要有以下两个方面原因：一是城市居民对政策走向的影响。由于农民群体较大且活动范围分散，导致农民群体中个人获得集体利益的份额缩小而集体行动的沟通成本增加，从而使得农民对政策走势的影响力较小(Lipton，1977；Bates，1981)。相反地，城市居民更能影响政策的走向，在户籍制度的保护下，城市居民享有一种相对的特权，户籍制度的改革会使得城市居民的相对利益遭到侵害，为了保护自己的利益不受损失，城市居民会向政府施加压力(蔡昉 等，2001；陈钊，2011；李奋生 等，2014)，从而阻碍了户籍制度的改革。二是地方政府发展主义倾向的影响。许多研究表明，在发展主义的指导下，地方政府为了大力发展地方经济，往往会忽视了对社会公共服务职能的履行(吴开亚 等，2010)。同时为了保障城市利益，宽松的户籍制度往往会受到地方政府的阻碍(Davies et al.，2008)。因此，权力的下放使得户籍制度改革的步伐受到阻碍，户籍制度改革必须自上而下，系统进行(姚先国，2013)。

三、财政制度与城市化发展

中国财政制度改革实际上是中央权利向地方政府不断下放和分化的过程，多数学者从支出结构和政府竞争两个角度探讨了财政分权对城市化发展的影响。Wu(1999)认为改革开放以后，中央和地方政府权力的不断分化使得地方政府在财政支配上有了更大的自主权，因而极大地提高了城市基础设施建设投资，从而促进了城市化的发展。陈海达(2009)进一步指出，财政分权程度的提高使得地方政府会减少对科教文卫的支出而加大对基础设施建设的投入，提高了城市规模和城市化率。杨继麒(2015)实证分析结果证实了两人的观点，即财政分权对科教文卫等民生性财政支出具有显著的负向影响。另一方面，国外学者格拉姆利希(Gramlich，1987)和萨德蒙(Salmon，1987)认为财政分权能够促进地方政府竞争，激励地方政府在公共物品投入上的创新，从而促进城市化的发展。国内学者陆铭等(2004)、马光荣等(2007)得出了相同的结论，认为财政分权引发的经济竞争和政治晋升使得地方政府势必会实施城市化的倾向政策，从而加速了城市化的发展。此外，部分学者认为财政分权会导致城市规模的扩张快于人口规模的扩张，导致空间城市化与人口城市化非均衡发展(熊柴 等，2012；李强 等，2017)，当然这一结果是由于财政分权导致地方政府财政支出结构偏向引起的(王佳，2017)。

四、土地制度与城市化发展

土地作为产业集聚和城市发展的空间载体，是城市化发展的重要推动力量(杜金华 等，2018)。此外城市中心区域土地资源有限，对城市边缘区域土地的合理开发和利用成为推动城市化发展和统筹城乡发展的必要手段(张勇 等，2009)，而地方政府作为土地利用和开发的管理者在这一环节上起到了关键作用(孙秀林 等，2013)。但是受中国财政制度的影响,地方政府在土地的开发和利用上产生了一系列问题。1994 年,分税制改革将更多的事权由中央政府转移到地方政府,致使地方财政入不敷出。财政分权只对地方政府预算内收入的运作方式进行规范,并未对预算外资金的来源和使用加以管理。因此,在增长竞争和政治晋升的双重压力下,迫使地方政府只能寻求更多的预算外收入(吴群 等,2010)。1988 年,我国确立了土地有偿使用制度,这为地方政府依靠土地收入作为预算外收入的主要来源提供了基础条件(叶林 等,2016),随着城市化的快速发展,地方政府依靠土地财政来获取资金收入占财政比重的收入不断上升,土地财政逐渐成为地方政府的“第二财政”(李郇 等,2013)。孙秀林(2013)认为土地财政能够扩大对城市基础设施建设的投资、吸引外资,从而改善城市面貌,带动了地方经济和城市化的发展。所以说土地财政对促进区域城市化发展产生了一定的积极作用,但是也产生了许多负面问题。首先,对土地财政的过度依赖容易导致地方政府强行转变土地使用性质,造成土地使用效率低下、城市布局混乱以及土地结构利用不合理等问题(欧阳华，2011;杜金华 等,2018),此外,地方政府对农地强行征用的需求膨胀造成农地非农流转的过度损失,不仅不利于农地的可持续利用,也对 18 亿耕地红线造成了巨大威胁(Li Yongle et al.,2008;吴群 等,2010)。其次,土地财政带来的巨大收益容易诱使地方政府走向以房地产和建筑业等相关产业发展为依托的经济增长方式,从而导致房价上涨(陈志勇 等,2011;郭宏保,2011)。最后,在土地融资依赖的背景下,过度的城市扩张和过高的房价使得许多地方出现了人口城市化滞后土地城市化的发展现象(中国经济增长前沿课题组,2011)。

第三节　地方政府行为对区域城市化发展的影响

一、地方政府职能及行为

1. 地方政府职能

概括来说,地方政府职能主要包括经济建设、社会保障、公共服务、市场监管和环境保护。

(1) 经济建设职能。经济的建设与发展对于一个国家的重要性不言而喻,它是保障一个国家主权和领土完整、提高国民生活水平的重要支撑。而地方政府在国家的经济建设与发展中发挥着不可替代的作用。新中国成立后五十多年的实践证明，中国经济的发展方式由粗放型、低效率的高速增长转变为到现在的节约型、高质量的中低速发展，离不开各级政府做出的积极探索和正确决策。

(2) 社会管理职能。社会管理职能是指地方政府通过对本地社会性事务进行管理和服务，以维护社会的稳定运行，为当地经济的可持续发展创造良好的条件。一般来说政府对当地居民的生活条件以及生活需求更加了解，因此能够对当地社会生活的不同领域和不同环境进行更加有效的协调、监管和规范，从而减少社会冲突、化解社会矛盾，保障区域内社会环境的和谐稳定。

(3) 公共服务职能。公共服务具有非排他性和非竞争性的特点，这意味着任何公共服务的提供者无法获得与提供的服务相应的报酬，公共服务的这一特性决定了其不能由任何一个私人部门来提供，而必须由代表公共利益的政府来提供。根据公共服务覆盖的范围不同，可以将公共服务分为全国性的和地方性的，而地方政府根据其管辖区域，为当地居民提供地方性的公共服务。其公共服务的重点内容包括为当地居民提供文化教育、医疗卫生、社会保障、基础设施建设等。

(4) 市场监管职能。经济学理论指出，一个完全竞争的市场体系才能达到资源的最优化配置，但往往现实经济体系中，行业垄断、生产外部性等市场失灵的情况无处不在，面对这种情况就需要政府这只“看得见的手”去进行监管和调控。而地方政府在市场监管中的主要职责就是加大对市场准入标准的监督，规范各类市场经营主体行为，提供安全、公平的市场竞争环境，预防和打击各类违反市场法规的行为，从而保障市场秩序的稳定运行。

(5) 环境保护职能。在我国工业化水平快速提升、经济社会快速发展的同时，环境问题也日益严重，空气污染、水污染以及自然资源的过度开发等环境问题无时无刻不在困扰着我们的生活，阻碍着社会的可持续发展。面对巨大的环境治理难度和高昂的环境治理成本，仅靠个人是无法实现环境保护的目标，因此需要地方政府在中央统一指挥下进行环境保护和监管。

2. 地方政府行为

地方政府行为与职能有着密切的联系，地方政府行为是指行政机构及其工作人员在法律允许的范围内通过相关制度、政策的安排和实施来对经济社会进行领导、组织、管理和协调，从而实现其职能。所以说，政府行为是政府职能的具体表现，而政府职能是政府行为的约束边界。

二、现阶段我国地方政府行为特征

事实上，地方政府是相对于中央政府而言的，简单来说，中央政府管辖全国范围的事物，具有最高的行政权力，地方政府则由中央政府设置并接受中央政府委托地方管理的事务。所以说，中央政府与地方政府是一种从属关系，正是这种关系决定了地方政府行为必须以最大限度地满足中央政府的需求为目标。但是，从个人利益的角度来说，为了政绩考核和职位升迁，地方政府之间也会产生激烈的竞争。由此说来，地方政府行为便具有双重目标——即作为中央政府的委托代理人去执行中央的决策和作为单独的利益主体去实现个人的政治晋升。改革开放以来，中央确立了以经济建设为中心的发展目标，这一目标的确立使得地方政府的双重目标有了共同的努力方向，即最大限度地实现区域经济的发展。

三、地方政府行为在区域城市化发展中的作用

以经济发展为主要目标的地方政府行为势必会对区域城市化发展产生重要影响，而不同的发展政策也会对城市化进程产生不同作用效果。

1. 地方政府行为决定了区域城市化的发展模式

地方政府是区域创新制度的建设者和区域竞争战略的实施者以及城市规划的执行者。如何通过基础设施建设和产业平台建设，来引导资源和要素在区域内合理配置，是地方政府进行区域建设的重要任务，也是推动区域城市化发展的重要力量（李健 等，2012）。因此，中国区域城市化的发展绝非简单的人口转移，而是处处充满着政府力量，政府力量导向何处，城市化发展的轨迹就会偏向何处（侯新烁等，2016）。因此，政府对区域城市化发展模式具有决定性作用。而在政府的各项行政手段中，制度创新的灵活性与政策的突破性是区域城市化发展的关键力量。一方面，地方政府通过制度创新来促进地方企业的发展和技术创新。城市产业开发区的建设、企业产权制度的改革以及企业股份制的改革等不仅提高了地方企业的技术创新能力和水平，同时也为各地企业发展提供了一个轻松、良好的生产与经营环境，从而极大地促进了当地产业和经济的发展。另一方面，地方政府通过对城市的规划和建设、土地资源的审批和利用、基础设施建设以及公共服务投入等政策的转变和调整，来决定城市化发展路径及其推进模式。以长江三角洲都市圈为例。长江三角洲核心区域包括上海市、江苏省和浙江省，目前长江三角洲已经成为我国经济发展最快、城市化水平最高的都市圈之一。2022 年，长三角三省一市 GDP 合计约 29.03 万亿元，约占全国 GDP 总量的四分之一，与上年相比，合计量增加 1.42 万亿元。此外，长三角作为中国开放程度最高、创新能力最强的区域之一，2023 年 1～10 月，长三角地区进出口值达 12.57 万亿元，占全国同期进出口总值的 36.6%，外贸规模创新高。截止到 2022 年底，长三角各地区城市化水平在 80%以上的城市有 6 个，分别为江苏南京、安徽合肥、浙江杭州、江苏无锡、江苏苏州、江苏镇

江，综合城市化率达到了70%以上，由此可见长江三角洲的经济发展水平和城市化水平在全国处于明显的领先地位。长江三角洲在经济发展和城市化进程中所取得的成就离不开地方政府的大力推进，地方政府行为对区域城市化发展模式的影响路径见图5.1。20世纪80年代，国家就开始在长江三角洲地区大力发展高新技术产业，同时各地政府借助上海、江苏等地的区位优势，积极改善基础设施建设，并吸引了大量的外商投资，使得长三角地区的经济水平和城市化水平突飞猛进，直至形成了今日举国闻名的长三角都市圈。

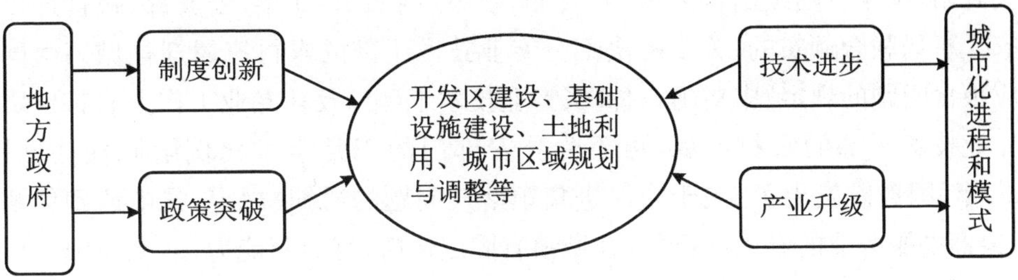

图5.1　地方政府行为对区域城市化发展模式的影响路径

2. 地方政府行为影响了人口的城乡转移

城乡人口流动是城市化最直接、最重要的表现形式。人口的城乡转移不仅会促进区域人口城市化水平的提升，同时在促进区域劳动力资源的有效配置、优化城市人口结构和就业结构、扩大内需及统筹城乡等方面推动着区域城市化进程。从地方政府的角度来看，区域人口流动政策是影响人口流动的重要因素，地方政府通过对人口转移的驱动因素考虑，主要从户籍、就业、住房、教育以及社会保障等方面制定了人口流动政策。从目前各地区实施的人口政策来看，主要包括就业政策、户籍政策和社会保障政策。

首先，就业是影响人口流动的关键因素。改革开放以来，随着农村经济改革的不断深入，我国农业生产率大幅提高，从而使得农村产生了大量的剩余劳动力，为解决农村剩余劳动力就业问题，各地政府开始放宽对城乡人口流动的限制，积极促进农村劳动力向乡镇企业、城市部分行业逐渐转移和扩散，带动了大批农村剩余劳动力向城市转移。1992年，市场经济体制改革的实施带动了整个区域经济的高速发展，同时也增加了大量的就业机会，各地政府面对这一经济形势，重新调整了农村剩余劳动力转移政策，带动农村剩余劳动力向着科学、有序、快速的方向发展，从而使得我国农村剩余劳动力转移达到了历史高峰(于洪娜，2014)。为了给农民工创造一个公平的就业环境，国家对农民工就业政策做出了积极的调整，从各级政府对农民工就业政策调整方向来看，改革开放以来，尤其是进入到21世纪，各级政府已经把农民就业问题放在推动城市化发展的重要位置，切实保障了农民工的合法权益，加快推动了农村剩余劳动力的城乡转移（纪韶，2010）。

其次，户籍制度的实施是影响我国人口流动的基础（夏纪军，2004）。1958年，《中华人民共和国户口登记条例》将我国居民户口划分为农业和非农业两种形式，这一形式的划分使得农村居民在城市就业、住房、子女教育以及社会服务方面的待遇与城市居民产生了极大差别，严重限制了农村人口向城市转移。改革开放后，随着市场经济体制的不断完善，农村剩余劳动力越来越多，而城市对劳动力的需求也在逐渐增加。面对这一形势，国家开始逐步对户籍制度进行改革。从20世纪80年代开始，国家就陆续出台多项"农转非"政策，例如1980年，公安部、粮食部以及国家人事局联合颁布的《关于解决部分专业技术干部的农村家属迁往城镇由国家供应粮食问题的规定》中指出，对高级专业技术干部以及在专业工作上有特殊贡献的专业技术干部的农村家属，可不受公安部门的正常审批比例限制迁往城镇。1984年，国务院发出了《关于农民进集镇落户问题的通知》规定，凡申请到集镇务工、经商办服务业的农民和家属，在城镇有固定住所、有经营能力，或在乡镇企事业单位长期务工的，公安部门应准予落常住户口，发给《自理口粮户口簿》，统计为"非农业人口"（王文龙 等，2010）。1996年，新启用的居民户口簿将户别重新规定为"家庭户"和"集体户"，取消了"农业"和"非农业"的户口类型，直至2003年，我国便正式进入到全面户籍改革时期，河北、辽宁、山东等多个省（区、市）完全取消了"农业"与"非农业"户口的区别，并统一为居民户口。其他省（区、市）即使没有取消，也相继出台相关政策降低了城市户籍的准入门槛。2014年，国务院发布的《关于进一步推进户籍制度改革的意见》提出，建立城乡统一的户口登记制度。取消农业户口与非农业户口性质区分和由此衍生的蓝印户口等户口类型，统一登记为居民户口，目前包括北京、上海在内的30个省（区、市）已经出台了户籍制度改革的方案。户籍制度改革政策的实施逐渐降低了人口进入门槛，加快了农村人口向城市的转移。

最后，社会保障政策是人口流动的重要保障。社会保障是流动人口转移中最为关心的问题，是否能够享受到城市医疗、教育以及社会福利等各项权益是关乎其转移后生活水平高低的关键。因此，社会保障体系是否完善对我国城乡人口转移有着重要的影响。随着我国流动人口规模的不断扩大，地方政府对流动人口的社会保障问题也逐渐重视起来。改革开放以来，我国关于流动人口社会保障政策的实施经历了一个从无到有并逐渐完善的过程。

第六章　地方政府行为差异与区域城市化非均衡发展

在当前竞争日益激烈的情况下，地方政府通过对相关政策的不断调整与创新来促进地方经济社会的发展，进而推动区域城市化的发展。目前，户籍制度、财政制度与土地制度对我国经济社会与城市化发展产生的影响最为显著，本书将从这三个方面探讨地方政府行为差异对城市化区域非均衡发展产生的影响。

第一节　户籍制度与区域城市化非均衡发展

一、户籍制度与区域城市化发展的内在联系

中国特殊的户籍制度被认为是影响城市化进程的主要原因（Lu et al.，2014），而户籍制度对城市化进程的根本影响在于不同的户籍形式所隐含的福利因素的差异（蔡昉 等，2001）。一方面，严格的户籍管理制度使得农村剩余劳动力无法实现城乡之间的完整迁移，即绝大多数进入城市的农村流动人口因为无法获得城市户籍而受到歧视，无法公平地享受城市就业、生活、教育及社会保障等社会福利，因此无法实现留城定居的美好愿景。另一方面，无城市户籍的农村流动人口不仅不能享受公平的福利待遇，而且城市的许多溢价收入也无法获得。其一，无城市户籍人口无法获得城市土地出让的溢价收入；其二，户籍差异引发的工资歧视导致无城市户籍人口获得更低的工资溢价。此外，Bond 等（2015）、周文等（2017）从迁移成本的角度解释了户籍制度的存在对城市化水平的影响。户籍制度引发的社会福利的差异是农村劳动力流入城市并定居的主要障碍，这些障碍在一定程度上增加了农村劳动力迁移的“冰山成本”。而在劳动力迁移过程中，存在着一个临界的“冰山成本”，当农村劳动力预期的迁移成本大于或等于这个临界值时，农村劳动力才会流入城市，从而促进城市化的发展。

二、户籍制度差异与区域城市化非均衡发展的特征事实

1. 中国户籍制度的历史变迁

表 6.1 为新中国成立以来我国户籍制度的变迁情况，从表中可以看出，我国户籍政策变迁大致经历了户籍制度形成、户籍制度发展和户籍制度改革三个阶段。1949—1978 年是我国户籍制度形成与发展阶段。1949—1957 年是我国居民户口自由迁移时期，从 1951 年的《城市户口暂行条例》到 1957 年的《关于制止农村人口盲目外流的指示》，以户口管理为基础的户籍管理制度逐渐发展为以控制人口迁移为基础、以户口管理为主要方法的户籍管理制度，这也为之后的城乡二元户籍管理制度的形成奠定了基础。1958—1978 年，是我国二元户籍制度的形成阶段，1958 年《中华人民共和国户口登记条例》正式将我国居民户口划分为"农业户口"和"非农业户口"两种形式，标志着我国二元户籍管理体制的形成。随着 1964 年《公安部关于处理户口迁移问题的规定（草案）》和 1977 年《公安部关于处理户口迁移问题的规定》的出台，我国二元户籍管理体制被进一步强化。

1978 年至今是我国户籍制度改革阶段。1980 年，《关于解决部分专业技术干部的农村家属迁往城镇由国家供应粮食的规定》的出台成为我国户籍改革制度的开端。1984—2001 年，关于农村居民到小城镇落户的条件逐渐放开，使得我国户籍制度改革有了实质性的进展。2001 年以后，相关户籍改革政策从对户籍开放逐渐转移到农民工社会保障的问题上，进一步加深户籍制度改革，加强对农民工技能培训、社会保障及公共服务等方面建设，推进城镇基本公共服务全覆盖、城乡基本公共服务均等化成为户籍制度改革的重点内容，至此我国长达 50 年之久的户籍制度逐渐开始解体。

表 6.1　中国户籍政策的演变历程

年份	主要户籍政策	主　要　内　容	对农村人口迁移的影响
1951 年	《城市户口暂行管理条例》	统一了全国城市户口登记制度	/
1953 年	《全国人口调查登记办法》《关于劝止农民盲目流入城市的指示》	为 1954 年人口普查定制方案； 要求今后县、乡政府对于要求进城找工作的农民，除特殊情况外均不得开给介绍证件；对于现已进城的农民，应动员其迅速返乡	限制

续表

年份	主要户籍政策	主 要 内 容	对农村人口迁移的影响
1955 年	《关于建立经常户口登记制度的指示》	全国城镇、乡村都要按照居住地登记户口，统一了全国城乡户口登记工作	限制
1957 年	《关于制止农村人口盲目外流的指示》	制止农民盲目外流，对盲目流入城市的农民迁回农村	限制
1958 年	《中华人民共和国户口登记条例》	城乡居民户口登记形式被正式划分为“农业户口”和“非农业户口”，城乡二元户籍管理制度形成	限制
1962 年	《关于加强户口管理工作的意见》	对农村迁往城市的人口必须严格控制，城市迁往农村的人口予以落户	限制
1964 年	《公安部关于处理户口迁移问题的规定(草案)》	由农村迁往城镇，农业户口转为非农业户口的要严格控制，城镇迁往农村的，准予落户	限制
1977 年	《公安部关于处理户口迁移的规定》	对“农转非”指标进行了严格控制，强化了对户口迁移工作的管理	限制
1980 年	《关于解决部分专业技术干部的农村家属迁往城镇由国家供应粮食的规定》	对专业技术干部优先照顾，使他们集中精力工作，为“四化”多做贡献	促进
1984 年	《关于农民进入集镇落户问题的通知》	凡申请到集镇经商、务工的农民，公安部准予落户，并发放《自理口粮户口簿》，统计为非农业人口	促进
1985 年	《关于城镇暂住人口管理的规定》 《中华人民共和国居民身份证条例》	允许暂住人口在城镇居留； 规定凡 16 岁以上的中华人民共和国公民均需申领居民身份证	促进
1992 年	《关于实行当地有效城镇居民户口制度的通知》	“蓝印户口”诞生，引发户口买卖热潮	促进
1993 年	《国务院关于户籍制度改革的决定》	废止“农转非”制度，建立以常住户口、暂住户口、寄住户口三种形式为基础的户口登记制度	促进

续表

年份	主要户籍政策	主　要　内　容	对农村人口迁移的影响
1997 年	《小城镇户籍管理制度改革试点方案》《关于完善农村户籍管理制度意见的通知》	符合条件的农村居民可以到城镇办理城镇常住户口	促进
1998 年	《关于解决当前户口管理工作中几个突出问题意见的通知》	实行婴儿落户随父随母的自愿原则；放宽解决夫妻分居问题的户口政策；老人到城投靠子女准予落户；在城市投资、兴办实业或有住房的公民及其直系亲属，凡在城市有合法固定的住房、合法稳定的职业或者生活来源，已居住一定年限并符合当地政府有关规定的，可准予落户	促进
2001 年	《关于推进小城镇户籍管理制度改革意见》	对办理小城镇常住户口的人员，不再实行计划指标管理	促进
2006 年	《关于解决农民工工作问题的若干意见》	对农民工工资、就业、技能培训、劳动保护、社会保障及公共服务、户籍管理问题做出了相关规定	促进
2009 年	《关于加大统筹城乡发展力度进一步夯实农村农业发展基础的若干意见》	采取有针对性的措施，着力解决新生代农民工问题	促进
2012 年	《关于积极稳妥推进户籍管理制度改革的通知》	引导农村人口向小城镇的有序转移，逐步满足符合条件的农村人口城镇落户需求，并实现城乡基本服务均等化	促进
2013 年	《中共中央关于全面深化改革若干重大问题的决定》	创新人口管理，加快户籍制度改革，全面放开小城镇和小城市落户限制，有序放开中等城市落户限制，合理确定大城市落户条件，严格控制特大城市人口规模	促进
2014 年	《关于进一步推进户籍制度改革的意见》	促进有能力在城镇稳定就业和生活的常住人口有序实现市民化，稳步推进城镇基本公共服务常住人口全覆盖	促进

续表

年份	主要户籍政策	主要内容	对农村人口迁移的影响
2015 年	《关于 2015 年深化经济体制改革重点意见》 《居住证暂行条例》	落实放宽户口迁移政策，完善配套设施，建立城乡统一户口登记制度； 公民离开常住户口所在地，到其他城市居住半年以上，凡符合有合法稳定就业、合法稳定住所或连续就读条件之一的，可以依照本条例申领居住证	促进
2016 年	《国务院关于深入推进新型城镇化建设的若干意见》 《国务院办公厅关于印发推动 1 亿非户籍人口在城市落户方案的通知》	全面实行居住证制度，推进城镇基本公共服务常住人口全覆盖，加快建立农业转移人口市民化激励机制； 除极少数超大城市外，全面放宽农业转移人口落户条件	促进

注：根据王伟等(2007)、王同益(2016)、孙文凯(2017)及相关政策文件整理所得。

2．户籍制度对区域农村劳动力流动的影响

户籍制度的不断调整与改革对我国农村劳动力流动和城市化水平产生了显著的影响。1949—1957 年，我国农村流入城市的人口数量逐渐增加(如表 6.2 所示)。1957—1958 年农村流入城市的人口数量相较于 1949—1950 年的增加一倍，这一时期自由迁移的户籍制度对我国农村人口流入城市数量的增加产生了明显的推动作用。此外，在这一阶段农村人口的流入也带动了城市化水平的逐年上升。1949 年，我国城镇人口比重为 10.64%，1957 年增加到 15.39%。1958 年以后，农村流入城市的人口数量骤减，1959—1960 年流入城市的人口数量只有 277.4 万人，比 1957—1958 年减少了 131.4 万人。1958 年是我国二元户籍制度形成的开端，所以这一时期壁垒森严的户籍制度是造成农村流入城市人口下降的根本原因(赵乐东，2006)。此后，我国二元户籍制度不断强化，导致我国农村劳动力迁移数量也在逐渐减少，1960—1969 年、1970—1979 年两个时间段内，我国农村劳动力年均迁移数量只有 70.4 万人和 121.3 万人。1980—1985 年，我国农村劳动力迁移数量有了明显的提高，这一时期的迁移大都出现在一些小城镇，这主要是由于在 20 世纪 80 年代初我国对小城镇户籍管制松动的结果(文军，2004)。1980 年以后，我国户籍制度改革不断深入，逐渐放松了对农村劳动力流动的限制，致使我国农村劳动力迁移数量逐年上升(见表 6.2)。1988 年，我国农村劳动力迁移数量为 2600 万

人。到了20世纪90年代，政府允许农民自带口粮进城务工，伴随着1992年粮票制度的取消，我国大规模的农村劳动力迁移爆发了，农村劳动力迁移人数从1992年的4000万人增加到2002年的9400万人，十年之内增加了两倍之多。户籍管制的松动推动着我国农村劳动力迁移数量不断走向高峰。由此可见，户籍制度对农村劳动力迁移数量的影响是影响我国城市化水平最直接的原因。

表6.2　1949—1985年中国农村劳动力迁移数量(万人)

时　间	年　数	迁移数量	年均迁移量
1949—1950年	2	204.4	102.2
1951—1952年	2	219.0	109.5
1952—1954年	3	233.6	77.9
1955—1956年	2	306.6	153.3
1957—1958年	2	408.8	204.4
1959—1960年	2	277.4	138.7
1960—1969年	10	704.5	70.4
1970—1979年	10	1213.5	121.3
1980—1985年	6	1210.9	201.8

数据来源：赵乐东(2006)，文军(2004)。

表6.3　1988—2002年中国农村劳动力流动人数(万人)

时间	1988年	1990年	1992年	1994年	1996年	1997年	1998年	1999年	2000年	2001年	2002年
劳动力流动人数	2600	2000	4000	6000	7200	7600	8000	8200	8840	8961	9400

数据来源：文军(2004)，王伟等(2007)。

3. 户籍制度改革的区域差异

我国第一次户籍制度改革的浪潮是在20世纪末至21世纪初。20世纪90年代以小城镇户口开放的户籍制度改革标志着我国实行了近半个世纪的城乡户口分割的户籍制度开始发生改变。21世纪初，各区域已经陆续开始对小城镇进行户籍制度改革，但是受区域经济发展水平、户籍环境以及地方政府利益倾向等因素的影响，我国各区域户籍政策改革存在一定的差别。这一时期，根据户籍的开放程度可将我国户籍制度改革区域分为以下两类：第一类是小城镇户籍全面开放区域。在国务院正式发布小城镇户籍全面改革的通知之前，部分地区已经在前期改革经验的基础上开展了小城镇户籍制度的全面改革。例如，1997年，福建省确定了17个小城镇户籍制度改革的试点，并在1999年实施了小城镇户籍制度的全面改革。2000年4月，内蒙古发布了内蒙古自治区人民政府批转自治区公安厅《关于全面推进小城镇户籍管理制度改革的实施意见》（内政字〔2000〕100号）的通知。2001年，国务院发布了《关于推进小城镇户籍制度改革的意见》（国发〔2001〕6号）。之后，山西、黑龙江、吉林、辽宁、山东、浙江、安徽、河南、湖北、广东、云南、甘肃等省（区、市）陆续全面开展了小城镇户籍制度改革的工作。第二类是未全面开放区域。这类区域在小城镇户籍制度改革的内容上，只是降低了小城镇入户的“门槛”，并未对小城镇户籍进行全面开放。尤其在一些经济较发达的地区提出的小城镇入户条件远高于其他区域。以北京市为例，1997年7月17日，北京市公布了北京市人民政府办公厅关于印发《北京市郊区小城镇建设试点城镇户籍管理试行办法》（京政办发〔1997〕41号）的通知，在小城镇落户条件上规定：在试点城镇具有合法固定住所和稳定来源，且要满足以下条件：① 在试点城镇购买两居室以上（含两居室）商品房的人员及其共同居住的直系亲属；② 在试点城镇务工经商或者兴办第二、三产业的人员及其共同居住的直系亲属；③ 符合试点城镇人口迁移有关规定的试点城镇常住人口的直系亲属；④ 受聘于试点城镇机关、企业、事业单位的、干部、管理人员、专业技术人员及其共同居住的直系亲属；⑤ 投资在50万美元以上的外商亲属或管理人员以及投资在25万—200万元的外省、市单位的管理人员及其亲属。⑥ 受聘于试点城镇机关、企业、事业单位的、有突出贡献的、具有中级以上专业技术职称的科技、教育、管理人才及其共同居住的直系亲属等。此外，该文件还对不能办理入户的人员条件做出了一系列规定。以上两类小城镇户籍制度改革区域的划分只列举了一些典型区域，并非十分全面，但是足以反映出我国各区域小城镇户籍制度改革的差异。

自党的十六大提出统一城乡户口登记类型为“居民户口”的户籍改革策略以后，各区域就纷纷取消了对“农业户口”和“非农业户口”户口类型的划分，这是我国户籍制度改革的第二次浪潮。表6.4列出了我国31个省（区、市）居民户口改革的具体时间，从表中可以看出，我国31个省（区、市）居民户口改革的时间也存在较大的差异。按照各省（区、市）居民户口改革的时间，可以将其划分四个时期：第一个时期是2001—2002年，辽宁、江苏、福建和广东4个省（区、市）进行了居民户口改革，这些地区是我国居民户口改革的先行区域。第二个时期是2003—2005年，河北、山东、湖北、湖南、广西、重庆、四川、山西、甘肃9个省（区、市）陆续进行了居民户口的户籍制度改革。第三个时期是2010—2011年，吉林、安徽和青海3个省（区、市）进行了统一城乡户口的改革。第四个时期是2014年以后，在国务院发布了《关于进一步推进户籍制度改革的意见》的通知之后，北京、天津、山西、内蒙古、黑龙江、上海、浙江、江西、湖北、海南、贵州、云南、西藏、宁夏、新疆等省（区、市）陆续开展了统一城乡户口的户籍制度改革政策。此外，2006—2009 年、2012—2013 年是我国居民户口改革的休眠期，在这两个时期没有一个区域进行统一城乡户口改革。

表 6.4　中国各省（区、市）居民户口改革时间

省（区、市）	实施时间	划分依据
北京	2016-09-08	北京市人民政府关于进一步推进户籍制度改革的实施意见（京政发〔2016〕43 号，2016-09-08）
天津	2016-05-01	天津市人民政府关于进一步推进户籍制度改革的实施意见（津政发〔2016〕11 号，2016-05-01）
河北	2003-10-01	河北省人民政府批转关于我省户籍管理制度改革的意见的通知（冀政发〔2003〕40 号，2003-07-21））
山西	2015-01-14	山西省人民政府关于进一步推进户籍制度改革的实施意见（晋政发〔2015〕2 号，2015-01-14）
内蒙古	2015-09-08	内蒙古自治区人民政府关于进一步推进户籍制度改革的实施意见（内政发〔2015〕104 号，2015-09-08）
辽宁	2002-01-04	辽宁省人民政府批转省公安厅关于进一步改革户籍管理制度意见的通知（辽政发〔2002〕1 号，2002-01-04）
吉林	2010-11-01	吉林省人民政府办公厅转发省公安厅关于进一步深化户籍管理制度改革意见的通知（吉政办发〔2010〕46 号，2010-10-28）
黑龙江	2014-11-01	黑龙江省人民政府关于进一步推进户籍制度改革工作的通知（黑政发〔2014〕25 号，2014-11-01）
上海	2016-04-15	上海市人民政府关于进一步推进本市户籍制度改革的若干意见（沪府发〔2016〕27 号，2016-04-15）
江苏	2002-11-22	江苏省政府批转省公安厅关于进一步深化户籍管理制度改革意见的通知（苏政发〔2002〕142 号，2002-11-22）
浙江	2014-09-09	浙江省人民政府办公厅关于在嘉兴等地开展居住证制度改革试点工作的通知（浙政办发〔2014〕85 号，2014-09-09）
安徽	2011-08-24	安徽省人民政府办公厅关于积极稳妥推进户籍管理制度改革的意见（皖政办发〔2011〕65 号，2011-08-24）

续表

省(区、市)	实施时间	划　分　依　据
福 建	2001-12-25	福建省人民政府批转省公安厅关于户籍管理制度改革意见的通知(闽政发〔2001〕48 号,2001-12-25)
江 西	2014-12-21	江西省人民政府关于进一步推进户籍制度改革的实施意见(赣府发〔2014〕45 号,2014-12-21)
山 东	2004-10-01	山东省人民政府办公厅转发省公安厅关于进一步深化户籍管理制度改革的意见的通知(鲁政办发〔2004〕67 号,2004-08-12)
河 南	2014-11-04	河南省人民政府关于深化户籍制度改革的实施意见(豫政发〔2014〕83 号,2014-11-04)
湖 北	2004-01-01	湖北省人民政府办公厅转发省公安厅、人事厅、劳动和社会保障厅关于进一步深化户籍管理制度改革的意见(鄂政办发〔2003〕86 号,2003-03-11)
湖 南	2003-10-28	中共湖南省委、湖南省人民政府关于印发《湖南省深化户籍制度改革方案》的通知(湘发〔2003〕12 号,2003-10-28)
广 东	2001-11-22	广东省人民政府办公厅转发省公安厅关于我省进一步改革户籍管理制度意见的通知(粤府办发〔2001〕106 号,2001-11-22)
广 西	2005-04-06	广西壮族自治区人民政府办公厅关于印发《全区进一步改革户籍管理制度实施办法》的通知(桂政办发〔2005〕35 号,2005-04-06)
海 南	2015-12-24	海南省人民政府关于进一步推进户籍制度改革的实施意见(琼府〔2015〕113 号,2015-12-24)
重 庆	2003-07-29	重庆市人民政府办公厅转发市公安局关于加快我市城镇化进程进一步深化户籍制度改革的意见的通知(渝办发〔2003〕129 号,2003-07-29)
四 川	2003-01-20	四川省人民政府办公厅转发省公安厅关于推进城市户籍管理制度改革意见的通知(川办发〔2003〕4 号,2003-01-20)
贵 州	2015-05-04	贵州省人民政府关于进一步推进户籍制度改革的实施意见(黔府发〔2015〕16 号,2015-05-04)

续表

省(区、市)	实施时间	划分依据
云南	2015-06-09	云南省人民政府关于进一步推进户籍制度改革的实施意见(云政发〔2015〕35号,2015-06-09)
西藏	2016-05-25	西藏自治区人民政府关于进一步推进户籍制度改革的实施意见(藏政发〔2016〕54号,2016-05-25)
陕西	2005-01-13	陕西省人民政府办公厅转发省公安厅关于进一步深化户籍管理制度改革意见的通知(陕政办发〔2005〕6号,2005-01-13)
甘肃	2003-11-06	甘肃省人民政府办公厅批转省公安厅关于进一步深化户籍管理制度改革的意见的通知(甘政办发〔2003〕116号,2003-11-06)
青海	2010-12-22	青海省人民政府关于印发《青海省深入推进户籍制度改革方案》的通知(青政发〔2010〕107号,2010-12-22)
宁夏	2016-06-02	关于印发《银川市进一步推进户籍制度改革的实施意见》的通知(银党办〔2016〕58号,2016-06-02)
新疆	2014-09-30	新疆维吾尔自治区人民政府关于进一步推进我区户籍管理制度改革的实施意见(新政发〔2014〕68号,2014-09-30)

注:本表格参照王同益(2016)及各省(区、市)政府工作报告整理所得。

第二节　财政制度与区域城市化非均衡发展

一、财政制度与城市化发展的内在联系

财政收入和支出是我国财政制度中两项重要内容,而财政收支规模和结构是各级地方政府行使其财政职能的重要体现(吕宁,2006),尤其分税制改革加大了地方政府财政收支的权利,地方政府通过对财政资金的分配来促进区域经济和城市化的发展(刘小勇 等,2015)。首先,从财政支出规模的角度来说,分税制改革的实施使得我国各级政府财政体制的分权特征更加明显,分权程度的增加扩大了地方

政府规模，随之也扩大了地方政府财政支配的能力，财力丰裕的地方政府就会加大对城市建设的投入（陈海达，2009）。其次从财政支出结构的角度来说，经典的财政分权理论认为财政分权加强了地方政府之间的竞争，在“用脚投票”的体制下，提高社会福利水平能够吸引更多人才及要素流入，因此财政分权会激励地方政府更好地响应居民的需求，加大对教育、卫生、医疗及社会保障等社会公共服务的支出（Tiebout，1956；张欣怡，2015）。此外，在这一制度下，以经济增长为主要考核指标的政治晋升促使地方政府竞相采取税收优惠、税收返还、政策补贴以及低价出让土地等一系列举措来吸引外商投资，从而带动了区域经济的发展和城市化水平的提升（Qian Y et al.，1998；崔志坤 等，2015）。

二、财政制度差异与区域城市化非均衡发展的特征事实

1. 中国财政分权制度改革的历程

根据我国财政分权制度实施的时间可以将我国财政分权体制改革划分为两个阶段，第一阶段是1980—1993年的财政包干制改革，第二个阶段是1994年至今的分税制改革。

第一阶段：1980—1993年财政包干制改革。

1978年，党的十一届三中全会召开标志着中国正式进入改革开放时期，为了发展国民经济国家开始进行市场经济体制的改革，而这一时期中央政府也面临着严重的财政危机。1978年，中央财政收入占全国财政收入的比重只有15.5%，而财政支出占全国的比重却达到了47.4%。面对巨大的财政支出压力，中央政府开始实行分权制改革，通过权力下放来调动地方政府的积极性，并以此促进财政收入增加和国民经济发展。

1980年国务院发布了《关于实行“划分收支、分级包干”的财政管理体制的暂行规定》（国发〔1980〕33号），对中央和地方财政收支的范围进行了明确的划分。财政包干制内容规定除北京、天津和上海三个地区继续实行“总额分成、一年一变”的财政体制外，对其他省（区、市）实行“划分收支、分级包干”的分权体制。根据经济管理体制规定的隶属关系，将中央和地方的财政收入划分为三种类型：中央固定收入、地方固定收入以及中央与地方调剂分成收入。中央固定收入包括中央所属企业收入、关税收入和中央其他收入；地方固定收入包括地方所属企业收入、盐税、农牧业税、工商所得税、地方税和地方其他收入；中央与地方调剂分成收入包括各地上划给中央部门集中管理的企业收入，其中地方政府划分20%，中央政府划分80%，工商税收作为调剂分成收入，分成比例根据各地区收支情况分别确定。财政支出方面，同样根据企事业单位所属性质，属于中央管理的列入中央支出范围，属

于地方管理的列入地方支出范围。此外，在财政包干制实施过程中，根据各区域的不同情况分别采取了不同的包干形式，具体可划分为以下四种形式：

第一种是“划分收支，分级包干”。“划分收支，分级包干”是针对全国多个区域普遍实施的一种财政体制，具体涉及的区域包括河北、黑龙江、浙江、吉林、辽宁、陕西、四川、甘肃、河南、安徽、江西、湖北、湖南、山东、山西15个省(区、市)。根据经济体制的隶属关系确定中央和地方财政收支范围，以1979年预算收支为基数，经过调整后进行确定。地方上缴和留成比例确定后，五年不变。

第二种是“大包干”。“大包干”财政体制是1980年专门针对广东、福建两个省实行的定额上解或补助的优惠财政政策。广东、福建两省具有优越的地理位置和丰富的资源条件，为了吸引外资，引进技术，促进经济发展，国家对两省采取了特殊“大包干”财政体制。在财政收入上，除了中央直属的企事业单位的收入和关税收入纳入中央收入外，其他收入均纳入两省的地方收入。对于财政支出亦是如此。在政策实施期间，广东省实行“划分收支、定额上解、五年不变”的财政体制，福建省实行“划分收支、定额补助、五年不变”的财政体制。“大包干”财政体制的实施，极大地调动了两地政府的积极性，两省的财政收入和经济水平在此期间也得到了快速地提升。

第三种是“划分收支，补助递增包干”。“划分收支，补助递增包干”是专门针对民族自治区域实行的一种财政体制，该体制规定对广西、内蒙古、宁夏、新疆、西藏5个自治区及青海、云南、贵州3个省(区、市)的补助数额由一年一定改为五年一定，且每年按10%的比例递增。

第四种是“固定比例包干”。“固定比例包干”是1977年国家对江苏省实行的一种财政体制，江苏省经济基础稳固，财政收入也比较稳定，是体制改革试点的首选对象。“固定比例包干”根据江苏省近几年财政支出占财政收入的比例来确定上缴中央和预留地方的财政收入比例，一定四年不变。例如，在1978年规定的江苏省财政收入上缴比例为61%，留成为39%。

1985年，“划分收支、分级包干”的五年时间已到期，为了进一步调动中央和地方政府积极性，国家开始实行“划分税种、核定收支、财政包干”的财政管理体制。该体制改变了以经济体制隶属关系作为财政收支范围的划分标准，重新建立了以税收种类作为中央和地方财政划分的依据，其改革的具体内容包括以下三个方面：其一，在财政收入上，根据“利改税”第二步改革以后的税种来划分中央和地方财政收入，即将所有收入划分为中央财政固定收入、地方财政固定收入、中央和地方共享财政收入三个方面；其二，同样根据隶属关系对中央和地方财政支出进行划分；第三，在分成办法上，中央与地方的财政收支范围确定以后，凡是地方固定收入大于地方支出的定额上解中央。地方固定收入小于地方支出的，从中央、地方共享收入中确定一个分成比例留给地方。地方固定收入和中央、地方共享收入全部留给地方，还不足以抵拨其支出的由中央定额补助。

“划分税种、核定收支、财政包干”的财政体制实施以后取得了良好的绩效，不仅调动了地方增收节支的积极性，同时也促进了国民经济的发展。为了进一步稳定中央与地方的财政关系，1988 年国务院颁布了《关于地方实行财政包干办法的决定》(国发〔1988〕50 号)，该决定在原来财政体制的基础上，对各区域财政包干的办法进行了详细的划分，具体内容与实行区域参见表 6.5。“划分税种”是财政包干体制调整的又一次新的尝试与进展，为之后的分税制改革奠定了基础。

财政包干体制经历了十多年的改革和调整逐渐走向完善。财政包干体制不仅打破了中央高度集权的状况，稳定了中央与地方政府的财政关系，还明确了各级政府利益与责任的关系，增强了各级政府对提高本地区财政收入的积极性，极大地促进了各区域经济社会的发展。财政包干体制的实施虽然带来了诸多的成效，但是由于其自身存在的一些局限性也存在一些弊端。一方面，权力的下放使得中央政府的宏观调控能力随之下降。对中央和地方财政收支范围的划分使得中央政府的财政收入更多地取决于地方政府财政收入的努力程度，而在政策执行的过程中，地方政府多倾向于采取地方保护措施，设法将税收收入转为预算外收入，从而减缓了预算内收入的增加，导致中央政府财政收入占全国财政收入的比重逐渐下降，而地方政府财政收入占全国财政收入的比重不断上升，如图 6.1 所示。另一方面，财政包干体制强化了地方利益，各级政府为了本地区的经济发展，往往对本地区的经济采取保护和封闭措施，造成地区经济分割，加剧了地区间财政收入和经济发展不平衡的局面，不利于国民经济稳定和可持续发展。

表 6.5　1988—1993 年中国各区域“财政包干制”具体实施办法

包干种类	基　　数	包　干　办　法	实 行 地 区
收入递增包干	1987 年决算收入和地方应得支出财力	参照各地近几年的收入增长情况，确定地方收入递增率和留成、上解比例。在递增率以内的收入，按确定的留成、上解比例，实行中央与地方分成；超过递增率的收入，全部留给地方；收入达不到递增率，影响上解中央的部分，由地方用自有财力补足	北京、河北、辽宁、沈阳、哈尔滨、江苏、浙江、宁波、河南、重庆
总额分成	前两年财政收支	以地方支出占总收入的比重，确定地方的留成和上解中央比例	天津、山西、安徽

续表

包干种类	基　　数	包 干 办 法	实 行 地 区
总额分成+增长分成	上年实际收入	基数部分按总额分成比例分成,实际收入比上年增长的部分,除按总额分成比例分成外,另加增长分成比例	大连、青岛、武汉
上解额递增包干	1987年上解中央收入	每年按一定比例递增上交	广东、湖南
定额上解	原来核定的收支基数	收大于支的部分,确定固定的上解数额	上海、山东、黑龙江
定额补助	原来核定的收支基数	支大于收的部分,实行固定数额补助	吉林、江西、陕西、甘肃、福建、内蒙古、广西、西藏、宁夏、海南、新疆、贵州、云南、青海

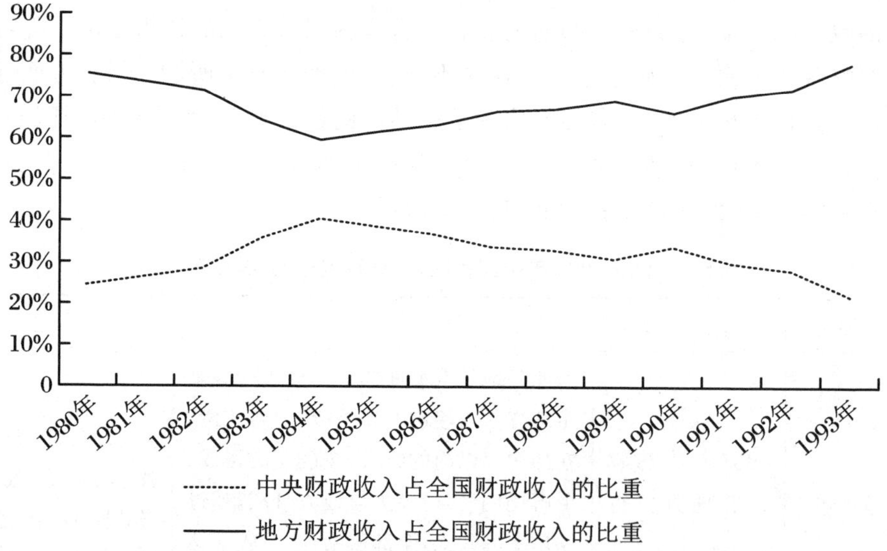

图 6.1　1980—1993 年中央和地方财政收入分别占全国财政收入的比重

数据来源:《中国统计年鉴(1980—1993)》。

第二阶段:1994 年至今分税制改革。

财政包干体制所产生一系列问题使得国家不得不采取措施去改善中央政府所面临的财政困境。此外,为了适应市场经济体制的发展,1993 年 11 月,十四届三中全会通过的《中共中央关于建立市场经济体制若干问题的决定》明确指出：把现行地方财政包干制改为在合理划分中央与地方事权基础上的分税制，建立中央税收和地方税收体系。所以，为了进一步改善中央与地方政府的财政关系，加强中央政府的宏观调控能力，促进社会主义市场经济体制的建立，1993 年 12 月 15 日，国务院颁布了《关于实行分税制财政管理体制的决定》，并于 1994 年开始在全国统一实行分税制改革。分税制改革内容首先通过分设中央和地方两大税收机构，对中央与地方政府的事权和支出范围进行了划分。中央财政主要承担国家安全、外交和中央国家机关运转所需经费、调整国民经济结构、协调地区发展、实施宏观调控所必需的支出以及由中央直接管理的事业发展所需支出。地方财政主要承担本地区政权机关运转所需支出以及本地区经济、事业发展所需支出。其次按照事权与财权相结合的原则，对中央和地方的收入范围进行了划分。根据税收征管的范围将税种划分为中央税、地方税以及中央和地方共享税。最后对地方实行实收返还和转移支付制度。为了调动地方发展经济的积极性和区域间经济社会的协调发展，分税制改革引入了税收返还和转移支付制度，并对税收返还和转移支付办法做出了明确规定。经过不断地探索和调整，目前我国已经形成了一套较为完善的税收返还和转移支付体系，如图 6.2 所示。

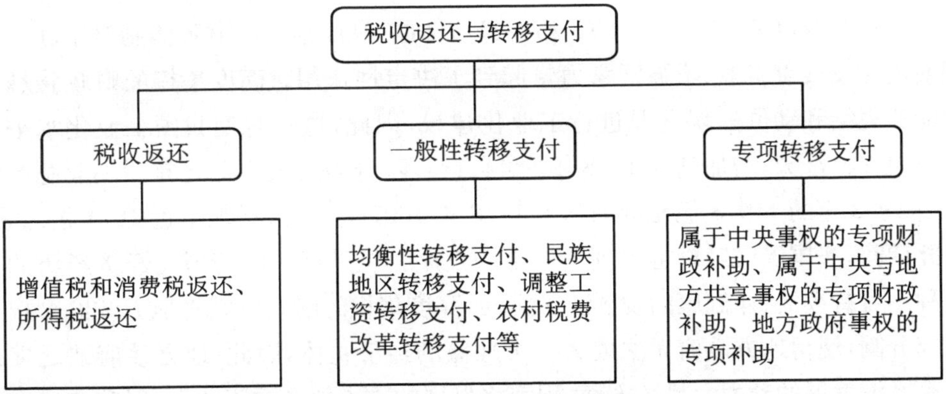

图 6.2　中央财政转移支付体系

资料来源：根据刘亮亮(2018)整理所得。

分税制改革使得我国财政体制更加符合社会主义市场经济体制发展的需求。虽然分税制并没有改变中国财政体制的分权化趋势，但使得中央与地方的财政关系变得更加稳定和规范，中央宏观调控能力也因此有所回升。分税制改革后中央财政收入占全国财政收入的比重有了明显的增加，分税制改革前，中央财政收入占全国财政收入的比重只有 30%，改革后这一比例上升到了 50% 以上。但是，中央财政权力的回收致使地方政府财政支出负担有所增加，造成地方政府财权与事权不匹配问题突出，如图6.3所示，分税制改革前后我国地方政府财政收入占财政支出的比例明显下降。

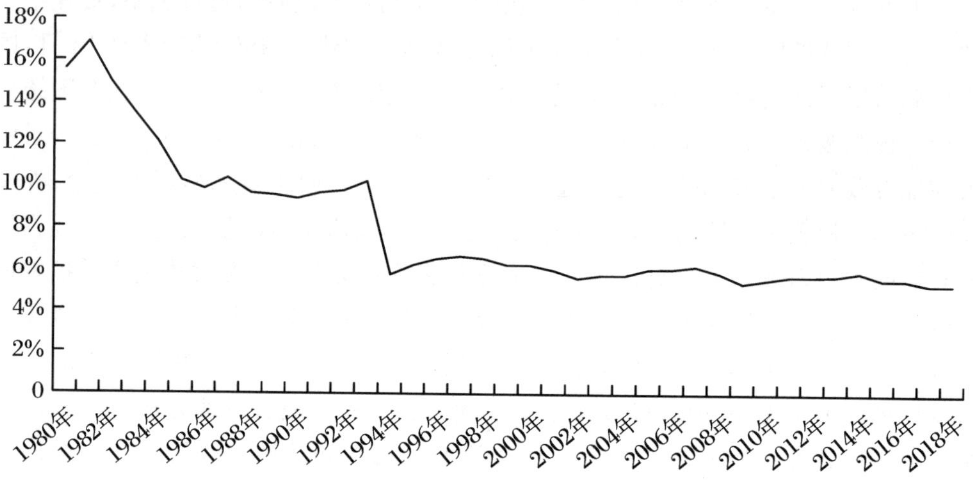

图6.3　1980—2018年我国地方政府财政自给率变化趋势

注：图中数据根据历年《中国统计年鉴》计算所得。

2．财政体制改革前后的经济绩效

改革开放以前，我国实行的是市场经济体制，高度集权的财政体制对于新中国时期优先发展重工业、增强国家力量起到了决定性作用。高度集权的财政管理体制能够集结和动员一切资源进行工业化建设，因此，这一时期我国工业化水平由1952年的17.6%增加到了1978年的44.1%，跻身为三大产业之首。工业总产值也由1952年的119.8亿元增加到了1978年1607.0亿元，增加了近16.4倍之多。在此期间，我国国民经济也得到了一定的发展。但是这一时期国民经济经历的是一种不可持续的、非健康的发展。一方面，高度集权的财政体制将地方政府财权与事权分割，使得地方政府无法成为一个独立的经济主体，因此，地方政府缺乏促进国民经济发展的动力。另一方面，国家将发展的重点放在重工业上，财政支出和投资的重点也倾向于工业企业的发展，因此忽略了居民消费和服务水平的提升，造成生产结构中服务业比重过低，产业结构严重失衡，阻碍了人民生活水平的提高和国民经济的健康发展。

多数学者将改革开放以后30年来中国经济持续高速增长的奇迹归因于财政分权体制的改革。财政体制改革对地方政府产生了强大的激励机制，各地区的经济水平也出现了突飞猛进的增长。1978—1994年，我国国内生产总值年均增长率为17.51%，1994—2016年年均增长率增加到了25.46%。此外，与改革开放前的发展方式不同的是，权力的下放使得地方政府更加注重对产业结构的调整，推动了全国产业的优化升级，1978 年，我国三次产业的比重分别为 27.7%、47.7%、24.6%，产业结构为二、一、三的发展模式，1994 年，我国三次产业比重调整为 19.5%、46.2%、34.4%，相较于 1978 年，第二产业比重略有下降，第三产业比重增加了将近 10%，第三产业与第二产业的比重为 74.46%。而到了 2016 年，我国第二产业比重继续下降为 40.1%，而第三产业比重增加到了 52.2%，第三产业与第二产业的比重达到了 92.3%，产业结构优化度进一步提升。2022 年，第一产业增加值占国内生产总值比重为 7.3%，第二产业增加值比重为 39.9%，第三产业增加值比重为 52.8%。此外，为了发展地方经济，地方政府积极推进个税优惠政策，努力加大对外商投资的吸引力度。1983—1994 年，我国实际利用外商投资额由 91600 万美元增加到了 3376700 万美元，年均增长率为 38.81%，1994 年以后进一步增加，2016 年，全国实际利用外商投资总额达到了 13371000 万美元，2022 年增加到了 18913241 万美元（如图 6.4 所示）。所以说，财政分权不仅带动了地方经济水平的增加，同时也促进了地方产业结构的升级以及对外开放水平的提升。

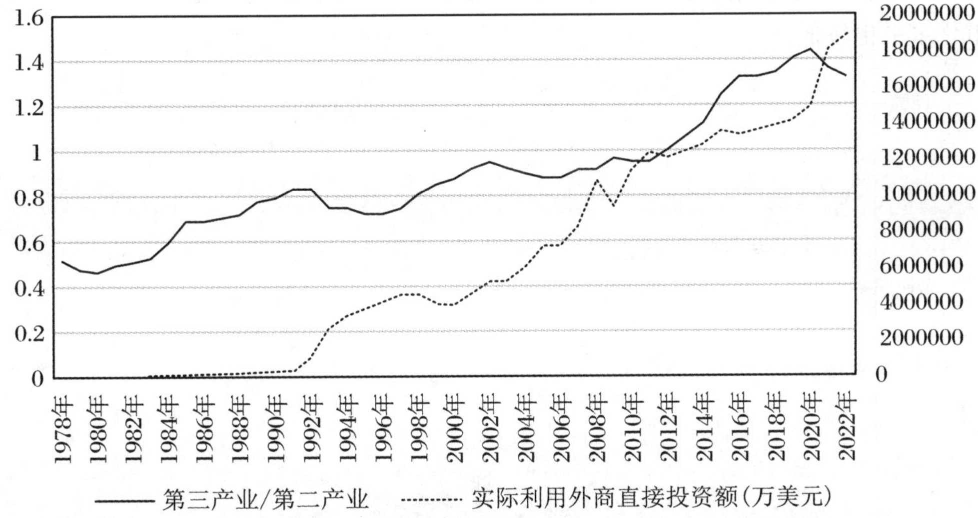

图 6.4　1978—2022 年我国实际利用外资与产业结构升级情况

数据来源:《中国统计年鉴(1978—2022)》。

3. 财政分权与城市化发展的区域差异

通过以上分析可知，地方政府财政分权程度对区域城市化发展具有重要的推动作用，图 6.5 和图 6.6 为 2022 年我国各省财政收入分权程度（地方财政收入/中央财政收入）、财政支出分权程度（地方财政支出/中央财政支出）与城市化率的拟合曲线，从图中可以看出，2022 年，我国各省（区、市）财政收入分权程度和财政支出分权程度与城市化水平都呈现出一定的线性关系，且存在明显的区域差异。

首先，从财政收入分权与城市化水平的线性关系来看，广东、江苏、浙江、山东等省（区、市）位于回归线的上方，说明这些省（区、市）财政收入分权程度对于城市化发展的推动作用较大，而青海、宁夏、甘肃等省（区、市）位于回归线的下方，说明这些省（区、市）财政收入分权程度对于城市化发展的推动作用较小。此外，从各省（区、市）财政分权程度与城市化水平的分布情况来看，北京、上海、江苏、浙江、山东等省（区、市）的财政分权程度较高，相应的城市化水平也较高，而西藏、甘肃、青海、宁夏、新疆等省（区、市）的财政分权程度较低，对应的城市化水平也较低。

其次，从财政支出分权程度与城市化水平的线性关系来看，广东、江苏、浙江、山东、四川等省（区、市）位于回归线的上方，说明这些省（区、市）财政支出分权程度对城市化发展的推动作用较大，而青海、宁夏、甘肃、新疆等省（区、市）位于回归线的下方，说明这些省（区、市）财政支出分权程度对城市化发展的推动作用较小。从各省（区、市）财政支出分权程度与城市化水平的分布情况来看，北京、上海、江苏、浙江、广东、山东等省（区、市）的财政支出分权程度较高，对应的城市化水平也较高，而贵州、西藏、甘肃、青海、宁夏等省（区、市）财政支出分权程度较低，对应的城市化水平也较低。

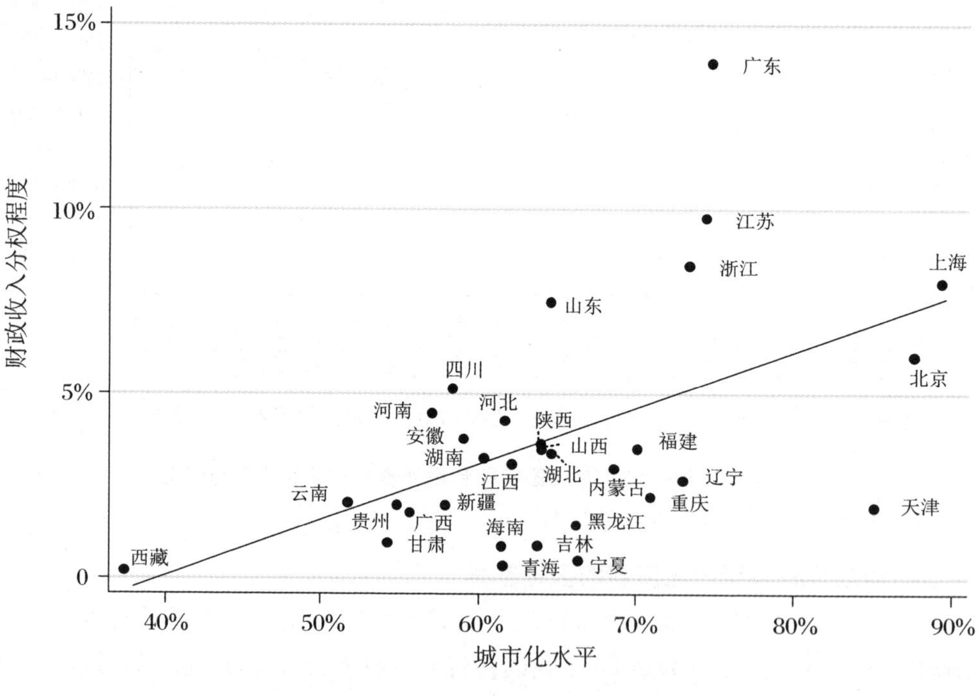

图6.5 2022年中国各省(区、市)财政收入分权程度与城市化水平的线性关系

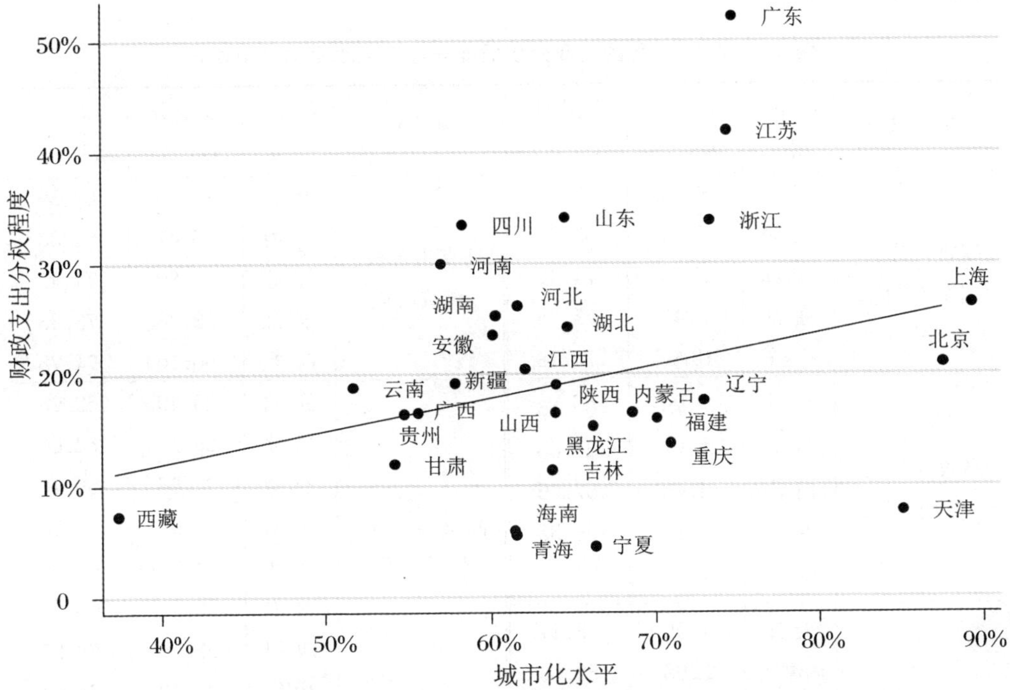

图 6.6　2022 年中国各省(区、市)财政支出分权程度与城市化水平的线性关系

综合以上分析可以看出,我国财政分权程度与城市化水平之间的关系存在明显的区域差异,根据财政分权程度和城市化水平的高低可以将我国 31 个省(区、市)划分为四种类型:高分权-高城市化、高分权-低城市化、低分权-高城市化和低分权-低城市化。此外,我们将城市化水平高于全国平均城市化水平的省(区、市)划分为高城市化地区,低于全国城市化水平的省(区、市)划分为低城市化地区,同样对于财政分权程度高于全国平均财政分权程度的省(区、市)划分为高分权地区,对于分权程度低于全国平均水平的省(区、市)划分为低分权地区,划分结果如表 6.6 所示。

第一类为高分权-高城市化地区,即财政分权程度和城市化水平都高于全国平均水平,其代表性区域主要包括北京、上海、江苏、浙江、广东等东部较发达省(区、市);第二类为高分权-低城市化地区,即财政分权程度高于全国平均水平,而城市化水平却低于全国平均水平,这类地区主要有安徽、河北、河南、四川等省(区、市);第三类为低分权-高城市化地区,即财政分权程度低于全国平均水平,而城市化率高于全国平均水平,这类地区主要包括内蒙古、辽宁、黑龙江、福建、宁夏等省(区、市);第四类为低分权-地城市化地区,这类地区的财政分权程度和城市化率均低于全国平均水平。这类区域主要包括广西、贵州、西藏、陕西、甘肃、青海、新疆等西部欠发达省(区、市)。

表 6.6　2022 年我国财政分权程度与城市化水平的类型划分

类　型	省(区、市)	收入分权(%)	城市化水平(%)
高收入分权-高城市化	北 京	6.02	87.59
	上 海	8.02	89.33
	江 苏	9.76	74.42
	浙 江	8.47	73.38
	广 东	13.97	74.78
高收入分权-低城市化	安 徽	3.78	60.16
	河 北	4.27	61.66
	河 南	4.48	57.06
	四 川	5.14	58.35
	山 东	7.49	64.53
低收入分权-高城市化	天 津	1.95	85.11
	内蒙古	2.98	68.60
	辽 宁	2.66	73.00
	黑龙江	1.36	66.21
	福 建	3.52	70.13
	重 庆	2.22	70.96
	宁 夏	0.48	66.35
低收入分权-低城市化	山 西	3.64	63.95
	吉 林	0.90	63.71
	江 西	3.11	62.08
	湖北	3.46	64.66
	湖 南	3.27	60.31
	广 西	1.78	55.66
	海 南	0.88	61.44
	贵 州	1.99	54.82
	云 南	2.05	51.72
	西 藏	0.19	37.36
	陕 西	3.49	64.00
	甘 肃	0.96	54.21
	青 海	0.35	61.51
	新 疆	1.99	57.90

类　型	省(区、市)	支出分权(%)	城市化水平(%)
高支出分权-高城市化	北 京	21.00	87.59
	上 海	26.41	89.33
	江 苏	41.89	74.42
	浙 江	33.78	73.38
	广 东	50.10	74.78
高支出分权-低城市化	江 西	20.49	62.08
	河 北	26.16	62.66
	安 徽	23.56	60.16
	河 南	29.93	57.06
	湖 北	24.24	64.66
	湖 南	25.27	60.31
	四 川	33.50	58.35
	山东	34.10	64.54
低支出分权-高城市化	天 津	7.67	85.61
	内蒙古	16.55	68.60
	辽 宁	17.60	73.00
	黑龙江	15.33	66.21
	福 建	16.00	70.13
	宁 夏	4.46	66.35
	重 庆	15.76	70.96
低支出分权-低城市化	山 西	16.52	63.95
	吉 林	11.37	63.71
	广 西	16.57	55.66
	海 南	5.90	61.44
	贵 州	16.45	54.82
	云 南	18.83	51.72
	西 藏	7.29	37.36
	陕 西	19.00	64.00
	甘 肃	11.96	54.21
	青 海	5.55	61.51
	新 疆	19.22	57.90

第三节　土地制度与区域城市化非均衡发展

一、土地制度与城市化发展的内在联系

土地作为一种稀缺资源，在中国的城市化进程中扮演着重要的角色，城市的建设与发展离不开土地，农村劳动力的转移也与土地有着千丝万缕的关系。因此土地制度的设计与实施对中国的城市化进程具有重要的影响。随着我国财政体制、土地有偿使用以及住房商品化一系列改革的推行，土地制度在中国政治历史舞台上的地位也逐渐凸显(陈志勇 等,2010)。土地制度的产生与发展对我国经济增长与城市化发展产生了重要的影响。一方面，土地财政对区域经济和城市化发展产生了巨大的推动作用。各级政府通过不断加大对城市基础设施建设的投入来推动经济和城市化的发展。但是分税制改革割断了地方政府财政收入与支出的联系，强化了地方政府的预算约束，从而给地方政府造成了巨大的财政支出压力(叶林 等,2016)。在这一背景下，以土地出让或征用为主要收入来源的财政模式在全国范围内迅速推广。所以，现在以及未来一段时间内，中国城市化发展过程中所需的资金与资源均离不开土地财政的支持，土地财政将成为我国城市化发展的重要支撑力量(王玉波 等,2017)。此外，土地作为产业集聚和城市化发展的空间载体，以产业发展为依托的城市化进程对土地也产生了强大的依赖。地方政府通过低价出让土地、税收优惠等方式来吸引外商投资、促进产业集聚，从而推动地区经济和城市化的发展(赵金鑫 等,2017)。另一方面，土地财政的过度依赖对城市化发展也造成了一系列负面影响。城市的土地资源有限，为了城市的扩建，地方政府低价从农民手中征收土地，再以高出几十倍甚至上百倍的价格出让，从而引发城市房价高速上涨，进一步拉大了城乡之间的贫富差距。其次，巨额的土地收益和城市土地供给的垄断权益诱使地方政府放大了土地资源推动经济发展的功能，造成城市建设用地使用混乱，城市空间无序扩张(杜金华 等,2018)。在当前中国土地管理制度尚未完善的情况下，城市用地的快速扩张必然伴随着政府强行征地、违法交易等行为(张益峰 等,2103)，对城市的可持续发展构成了严重的威胁。所以说土地制度对城市化发展的影响可谓是喜忧参半，也有学者指出，地方政府对土地财政的依赖程度与城市化进程呈倒“U”形关系，如图 6.7 所示，即在城市化初期，由于基础设

施建设需要，地方政府对土地财政的依赖程度会逐渐加强，而到了城市化发展的成熟阶段，城市各项基础设施建设都已完备，地方政府对土地财政的依赖程度也就逐渐减弱(唐在富，2012)。

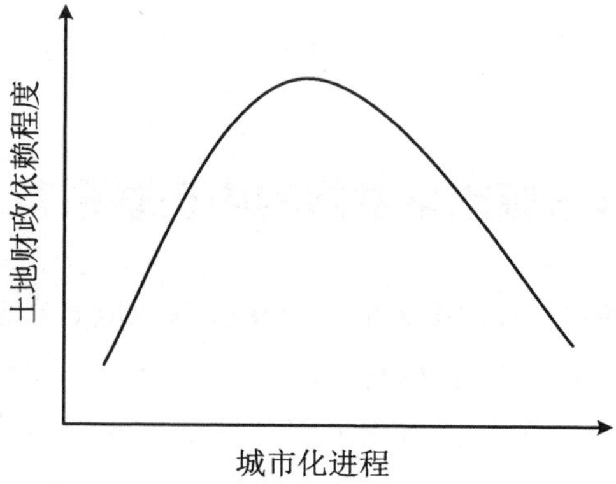

图 6.7　土地财政依赖程度与城市化进程的关系

二、土地制度差异与区域城市化非均衡发展的特征事实

1. 中国土地制度的演变历程

改革开放以前，中国土地实行无偿使用制度，且土地资源的配置均是以行政方式进行划分，土地无使用年限限制。1986 年《土地管理法》的颁布，确立了土地有偿使用制度，并于 1987 年在深圳首次实行，由此拉开了我国土地使用制度改革的序幕。之后，国家对土地有偿使用制度进行了不断的调整，1988 年，《宪法》以及《土地管理法》删除了“土地不得出租”的规定，并指出“土地使用权可以依照法律的规定转让”。1994 年《城市房地产管理法》允许土地使用权以拍卖的方式出让。1999 年《国务院办公厅关于加强土地转让管理严禁炒卖土地的通知》对经营性土地必须以招标、拍卖方式提供作出了要求。2001 年《关于加强国有土地资产管理通知》规定：国有建设用地，除涉及国家安全和保密要求外，必须以公开招标、拍卖的方式出让。2002 年《招标拍卖挂牌出让国有土地使用权规定》对应该使用招拍挂方式出让的国有土地类型进行了明确规定。2003 年《协议出让国有土地使用权规定》提出了以协议方式出让国有土地使用权的方式。2006 年《招标拍卖挂牌出让国有土地使用权规范》(试行)和《协议出让国有土地使用权规范》(试行)的通知均对我国国有土地使用权有偿转让的细则作出了规定和调整，使得我国土地使用制度得到了不断的完善和发展。

土地有偿政策建立以后，国家对土地出让收入在中央与地方政府之间的划分比例做出了明确规定。1989 年 5 月，国务院颁布了《关于加强国有土地使用权有偿使用收入管理的通知》规定：土地出让收入必须上缴财政，其中 40%上缴中央财政，60%留给地方财政。1989 年 9 月财政部关于颁发《国有土地使用权有偿出让收入管理暂行实施办法》规定：取得土地出让收入城市的财政部门先预留 20%作为城市土地开发建设费用，剩余 40%上缴中央财政，60%留给地方政府，由此地方政府土地出让收入的分成增加到了 68%。1992 年《关于国有土地使用权有偿使用收入征收管理的暂行规定》规定：将上缴中央财政的土地出让收入比例缩减到了 5%，而地方政府的分成增加到了 95%。1994 年，土地出让收入作为预算外收入全部归地方所有，中央政府不参与分成。1998 年《土地管理法》规定：新增建设用地土地有偿使用收入的 30%上缴中央，70%留给地方政府。中央与地方政府土地出让收入分成比例变化情况见图 6.8。

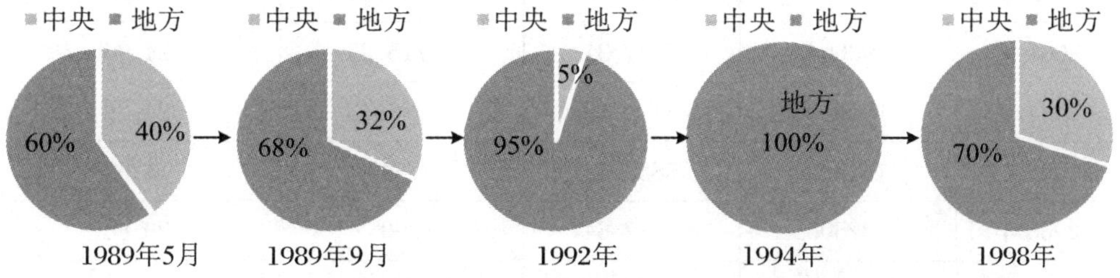

图 6.8　中央与地方政府土地出让收入分成比例变化情况

综合以上可以看出，地方政府土地出让收入的分成经历了先增加后减少的变化过程，在最后一次改革中，地方政府土地出让收入的分成比例虽然由 100%下降到了 70%，但是在实际的交易过程中出现了大量的隐形和违法交易，对国有土地出让收益在各利益主体之间的公平分配产生了一定的影响(吴丙辉 等，2015)。

2. 土地财政下中国城市化发展的特征

从我国土地制度的发展历程可以看出，建设用地从无权转让到允许合法转让，从无偿使用到有偿使用，从协议出让到经营性用地的招标挂牌出卖，政府在土地制度安排中的主导权力和排他性权利使其依靠土地财政实现财政收入增加、城市规模扩张、城市基础设施建设水平提升的欲望愈加强烈。

首先，土地财政收入占政府财政收入的比重不断上升，土地财政逐渐成为地方政府财政收入的主要来源。2001—2016 年我国土地出让面积由 90394 km^2 增加到了 208200 km^2，增加了两倍之多，年均增长率达到了 5.72%。在此期间，政府依靠土地财政获取的收入也在逐年增加，2001 年，政府获得土地出让收入 1295.89 亿元，占政府财政收入的比重为 7.9%，2016 年，土地出让收入达到了 37457 亿元，占政府财政收入比重增加到了 23.48%(见表 6.7)。

其次，土地财政带动了各区域城市规模的快速扩张。2001—2018年，我国城市建成区面积共增加了174330.84 km^2，年均增长率达到了14.10%。城市建成区面积的增加离不开对农村土地征收的高度依赖，2001—2017年，我国征用土地面积数量年均达到了1600 km^2（见图6.9）。此外，我国各省市建成区面积也出现不同程度的上涨，尤其是东部一些较发达地区，其城市建成区面积的扩张速度更加显著（如图6.10所示）。

表6.7　2001—2016年土地出让收入占政府财政收入比重的变化情况

年　份	土地出让面积（km^2）	土地出让收入（亿元）	政府财政收入（亿元）	土地出让收入占财政收入比重（%）
2001年	90394	1295.89	16386	7.91
2002年	12423	2416.79	18903.64	12.78
2003年	193604	5421.31	21715.25	24.96
2004年	181510	6412.18	26396.47	24.29
2005年	163200	5883.82	31649	18.59
2006年	232500	8077.64	38760.2	20.84
2007年	234961	12216.72	51321.78	23.80
2008年	165860	10259.8	61330.35	16.73
2009年	209000	15910.2	68518.3	23.22
2010年	291500	30108.93	83101.51	36.23
2011年	335085	31500	103874.43	30.33
2012年	322800	26900	117253.52	22.94
2013年	367000	42000	129143	32.52
2014年	271800	42940.3	140350	30.60
2015年	221400	33657.3	152217	22.11
2016年	208200	37457	159552	23.48

数据来源：土地出让面积和收入的数据来源于《中国国土资源统计年鉴》，政府财政收入数据来源于《中国统计年鉴》。

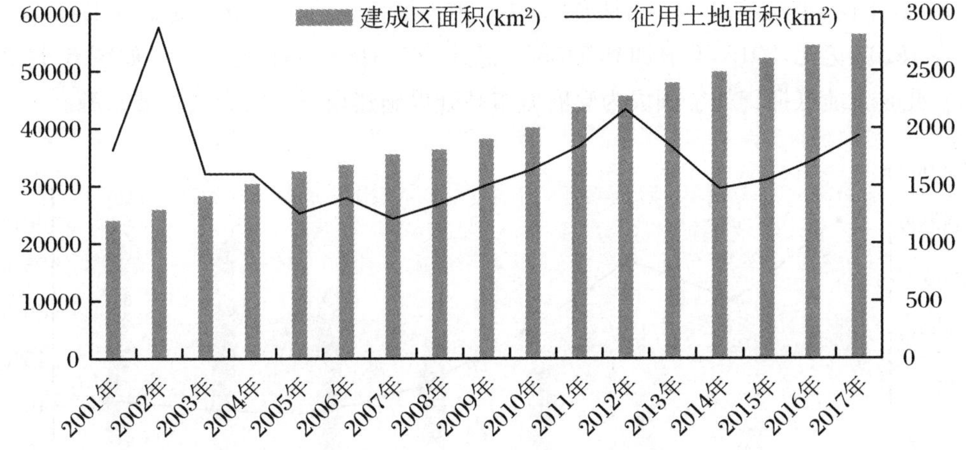

图 6.9　2001—2017 年我国城市规模扩张和土地征用情况

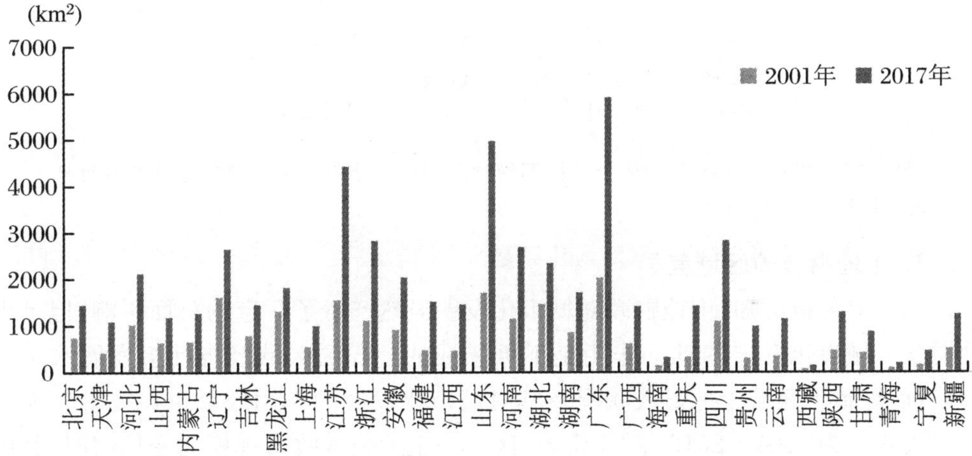

图 6.10　2001 年和 2017 年我国各省(区、市)城市建成区面积的对比情况

数据来源:《中国统计年鉴(2001—2017)》。

最后,土地收入成为地方政府提供城市基础设施建设资金的主要来源。随着中国城市化进程的快速推进,我国城市基础设施建设的资金需求也在不断增加,政府作为城市基础设施建设投入的主体,面对日益增加的财政压力,不得不将城市基础设施建设的资金需求转移到土地收入上。2008 年,我国土地出让收入用于城市建设支出的金额比重达到了 29.58%,2008 年以后,为了应对全球性金融危机,中央政府采取了积极的货币政策,并放宽了对城市土地供应,政府的融资平台迅速拓宽,由此土地抵押贷款逐渐发展成为地方政府依靠土地获取收入的主要方式,城市基础设施建设资金的依赖也逐渐从土地出让收入转移到土地抵押贷款(刘守英,2018)。2008—2015 年,我国土地出让收入用于城市建设支出的金额比重由

29.58%下降到了10.49%，而从全国84个重点城市土地抵押贷款的金额来看，2008年为18107亿元，2015年增加到113300亿元，年均增长率接近30%（如图6.11所示），此时土地抵押贷款金额成为政府城市基础设施建设投入资金的主要来源。

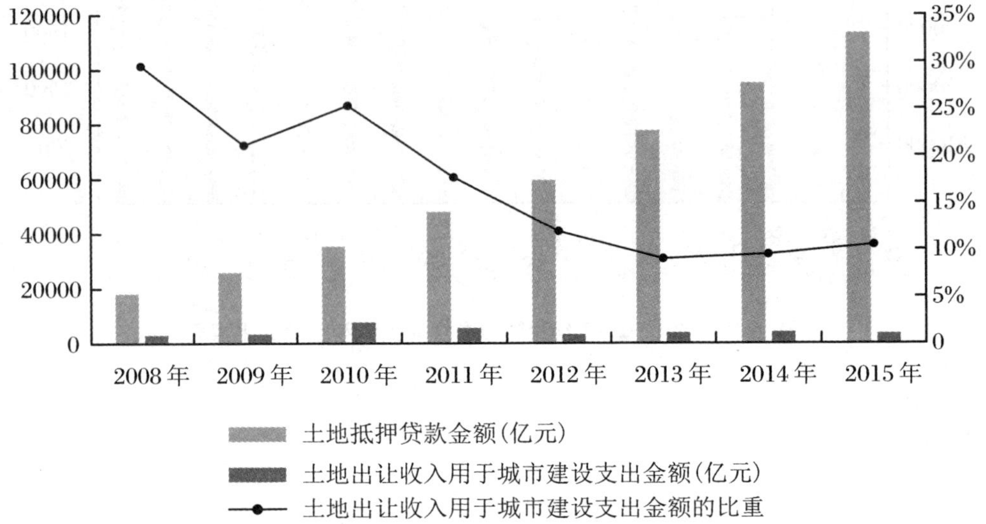

图6.11　2008—2015年我国土地抵押贷款及土地出让收入用于城市建设支出情况

数据来源：刘守英(2018)。

3. 土地财政的区域差异

从以上分析可知，土地财政对城市化发展虽然产生了一定的负面影响，但是土地财政对城市化发展的推动作用是不可忽视的。我国区域经济社会发展水平悬殊，从而导致各区域土地财政状况及其对城市化发展的作用效果也存在着较大差异。表6.8为2001—2016年31个省（区、市）土地财政收入规模的变化情况，其中各区域土地财政收入规模计算公式为：

$$R_{it} = LS_{it} + LT_{1it} + LT_{2it} + LT_{3it} + LT_{4it} + LT_{5it} \tag{6.1}$$

上式中 R 为各区域土地财政收入规模，LS为土地出让收入，LT_1 至 LT_5 分别为房产税、城镇土地使用税、土地增值税、耕地占用税、契税等土地、房产的相关税收。以上指标基本上能够反映政府土地财政收入的规模，虽然土地抵押贷款也是政府土地财政收入的主要部分，但是由于数据无法获取且土地抵押贷款属一种借款，到期之后仍需偿还，所以这里不再纳入到土地财政收入规模之内。

从表6.8中可以看出我国各区域土地财政收入规模呈现出逐年上涨的趋势，且差异较大。从2001—2016年各区土地财政收入规模的情况来看，排在前10位的省（区、市）包括江苏、浙江、广东、山东、辽宁、北京、四川、安徽、上海、福建。这10个地区中有7个省（区、市）均为我国东部经济较发达地区。而排在最后的10位的省（区、市）分别是贵州、吉林、黑龙江、山西、海南、新疆、甘肃、宁夏、青海、西藏，而这 10 个地区中大部分涵盖了我国西部经济发展水平落后地区。此外，从各省（区、市）对土地财政的依赖程度来看，江苏、浙江、安徽、福建、辽宁、山东等省（区、市）的土地财政收入规模占地方财政总收入的比重均达到了 75% 以上（见图 6.12），而这些地区也多为我国经济较发达地区。相比之下，青海、新疆、山西、等地区的土地财政依赖程度仅有 30% 左右，而西藏还不足 15%。由此可见，我国经济越发达地区，土地财政收入规模越大，地方政府对土地财政的依赖程度也就越大。而经济落后地区，土地财政收入规模越小，地方政府对土地财政的依赖程度也就越小。（需要说明的是，北京、上海、广东等一线城市虽然土地财政收入规模较为靠前，但是对土地财政的依赖程度却相对较小，其主要原因可能是因为这些发达城市主要依靠预算内税收作为地方财政收入的主要来源。）

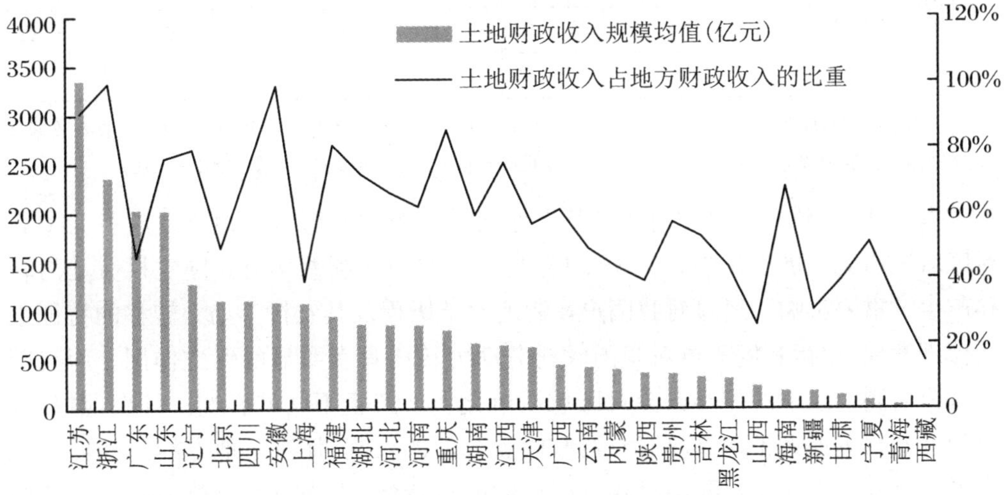

图 6.12　2001—2017 年各省（区、市）土地财政收入规模均值及其占地方财政总收入的比重

表 6.8　不同时期各省（区、市）土地财政收入规模（单位：亿元）

省（区、市）	2001 年	2005 年	2010 年	2016 年	省（区、市）	2001 年	2005 年	2010 年	2016 年
北 京	157.52	201.31	1649.15	1562.24	湖 北	35.65	199.94	947.49	2004.44
天 津	26.76	157.27	997.53	1513.13	湖 南	41.56	198.73	674.87	1508.41
河 北	74.34	199.99	1265.64	1812.97	广 东	214.86	536.68	2041.57	5041.07
山 西	13.04	64.57	320.44	562.59	广 西	26.06	116.80	540.30	1015.54
内蒙古	13.32	76.89	631.03	752.14	海 南	11.75	36.59	258.10	425.59

续表

省(区、市)区	2001年	2005年	2010年	2016年	省(区、市)	2001年	2005年	2010年	2016年
辽宁	103.23	353.05	2397.62	934.61	重庆	16.23	189.22	880.16	1532.31
吉林	23.31	78.84	493.63	506.21	四川	50.56	448.26	1358.82	1944.40
黑龙江	18.94	68.85	462.23	419.90	贵州	14.43	46.13	253.26	891.05
上海	120.37	565.00	1252.35	2440.13	云南	21.56	93.79	549.95	610.27
江苏	249.76	1169.95	4572.55	7627.94	西藏	0.065	4.65	6.92	34.15
浙江	280.85	940.58	4158.22	4559.43	陕西	22.86	86.73	358.29	670.49
安徽	38.41	254.31	1314.77	2958.38	甘肃	6.43	27.22	159.20	312.50
福建	63.25	288.28	1354.50	1857.82	青海	2.01	5.28	53.32	59.46
江西	30.69	179.87	759.57	1392.29	宁夏	2.60	17.43	107.52	133.92
山东	72.37	658.39	3087.70	3775.01	新疆	11.84	35.01	187.81	388.22
河南	31.62	174.75	899.82	2232.79					

注：由于时间跨度较长，表格中只列出了各地区部分年限的财政收入规模。其中，土地出让收入数据来源于《中国国土资源统计年鉴(2001—2016)》，各项税收数据来源于《中国统计年鉴(2001—2016)》。

本章从户籍制度、财政制度以及土地制度三个方面探讨了地方政府行为差异对区域城市化发展的影响。首先，户籍制度造成的福利差异对我国农村劳动力转移产生了重要影响。通过对我国户籍制度改革历程及其农村劳动力转移的特征进行梳理发现，户籍制度改革对我国农村劳动力转移具有明显的促进作用。而我国区域户籍制度改革的差异亦会对区域城市化水平产生不同的影响。其次，财政分权制度的改革加大了地方政府对财政收支分配的权利，促进了地方经济和城市化水平的提升。进一步对我国财政分权体制改革背景、历程及其改革前后的经济绩效进行对比分析发现，财政分权体制的改革对我国区域经济发展产生了极大的促进作用。再次，从财政分权程度与城市化水平之间的关系来看，发达地区财政分权程度相对较高，其对城市化发展的推动作用也较大，而落后地区财政分权程度较低，对城市化发展推动作用较小，由此说明财政分权程度的差异也是造成我国区域城市化非均衡发展的主要原因之一。最后，从土地财政与区域城市化发展的内在联系来看，土地财政不仅成为当前地方政府财政收入的主要来源，同时也是城市基础设施建设投入资金的主要来源，因此，土地财政政策的实施对地方城市化发展具有重要的推动作用。而由于各地区土地财政收入水平的差异导致各区域土地财政对地方城市化发展的推动作用也有所不同，这是造成我国区域城市化非均衡发展又一关键因素。

第七章　实证检验与分析

综合以上分析可知，城市化动力因素的区域差异是造成区域城市化非均衡发展的主要原因，而地方政府行为通过影响城市化动力因素进而对区域城市化发展施加影响。从这一角度出发，本章通过构建计量模型，采用相关数据实证检验城市化动力因素、地方政府行为以及二者的交互项对区域城市化发展的影响，并从东、中、西三大区域考察城市化动力因素以及地方政府行为对区域城市化影响效果的差异性。

本章内容安排如下：第一节为模型构建与说明；第二节为变量选取与数据来源；第三节为回归结果与分析，采用31个省（区、市）的面板数据从全国和区域两个角度实证检验城市化动力因素以及地方政府行为差异对区域城市化发展的影响；第四节为影响因素的交互作用，考察地方政府行为与城市化动力因素的交互项对区域城市化水平的影响效果。

第一节　模型构建与说明

本书采用2001—2016年中国31个省（区、市）的面板数据，分别建立如下计量模型来实证检验城市化动力因素、地方政府行为对区域城市化水平产生的影响。计量模型设定如下：

$$urban_{it} = \alpha_0 + \alpha_1 \ln gdp_{it} + \alpha_2 industry_{it} + \alpha_3 rdft_{it} + \alpha_4 fcd_{it} + \alpha_5 tfp_{it} + \alpha_6 X_{it} + \varepsilon_{1it} \quad (7.1)$$

$$urban_{it} = \beta_0 + \beta_1 household_{it} + \beta_2 fid_{it} + \beta_3 fed_{it} + \beta_4 \ln land_{it} + \beta_5 X_{it} + \varepsilon_{2it} \quad (7.2)$$

其中，被解释变量 $urban_{it}$ 为城市化水平，$\ln gdp_{it}$ 是人均 GDP 的对数值，代表经济发展水平，$industry_{it}$ 代表产业结构升级，$rdft_{it}$ 和 fcd_{it} 代表对外开放水平，tfp_{it} 代表技术进步，$household_{it}$ 代表户籍制度，fid_{it} 和 fed_{it} 代表财政分权，$\ln land_{it}$ 为土地

财政收入规模的对数值，代表土地财政，α_0，…，α_6，β_0，…，β_5 为各项系数，X_{it} 为控制变量，ε_{1it}，ε_{2it} 为随机干扰项，i 为个体变量，代表 31 个省（区、市），t 为时间变量，由于数据的可获得性，本数据代表的时间跨度为 2001—2016 年。

第二节　变量选取与数据来源

一、被解释变量

1. 城市化水平（urban）

在实证分析过程中，学者们多采用城镇人口占总人口的比重或者非农业户籍人口占总人口的比重作为城市化水平的衡量指标（李小帆 等，2017）。鉴于以上指标衡量标准存在的问题，本书将继续采用第四章的人口城市化综合发展指标作为各地区城市化水平的衡量指标。

二、核心变量

本书的核心解释变量包括地方政府行为相关的指标和城市化动力因素的相关指标，政府行为的相关指标主要包括户籍制度、财政制度以和土地制度，城市化动力因素指标主要包括经济发展水平、产业结构升级、对外开放水平以及技术进步。

1. 户籍制度（household）

关于户籍制度的衡量指标一直是学者们争议的话题，有些学者采用赋值法，通过对历年各地区户籍改革政策进行梳理，对于发生户籍改革制度的年份取值为 1，没有发生户籍改革制度的年份取值为 0（孙文凯 等，2011；李子联，2013）。但是由于户籍制度涉及多个部门，想要查阅某个市或县的户籍改革制度有一定的可行性，而要查阅全国各个省（区、市）的户籍改革制度很难做到，因此有学者通过建立户籍制度下个人迁移决策模型估算出某年我国各省（区、市）户籍迁移松紧程度。但是这种方法对于测算 2001—2017 年全国各省（区、市）的户籍制度的松紧程度仍是一个庞大而复杂的工程，也很难实现。我们知道，户籍制度是与居民的户口类型紧密相关的，因此，为了数据获取的可行性，本书参照刘佩婷（2017）的做法，采用市民化率，即非农业户籍人口占户籍总人口的比重作为衡量户籍制度改革的指标，数值比值越大说明地方政府的户籍制度越宽松。数据来源于《中国人口和就业统计年鉴

(2001—2014)》,其中 2015—2017 年数据缺失,但不影响对整体结果的分析。

2. 财政制度(finance)

财政分权是当前我国地方政府财政体制的一大特点,财政分权引发的地方政府竞争行为也是影响区域经济和城市化发展的主要原因之一。诸多学者的研究结果表明财政收入分权和财政支出分权具有非对称性,即财政收入分权和财政支出分权对地方政府行为以及城市化的发展效应不同,因此本书将分别从财政收入分权(fid)和财政支出分权(fed)两个角度考察地方政府财政制度对区域城市化水平的影响。参照张宇(2013)、刘小勇等(2015)的做法,用地方政府财政收入占中央政府财政收入的比重衡量地方政府财政收入分权(fid)程度,用地方政府财政支出占中央政府财政支出的比重衡量财政支出分权(fed)程度。以上指标数据均来源于《中国统计年鉴(2001—2017)》。

3. 土地制度(land)

土地财政收入是衡量土地制度的重要指标。目前,我国地方政府的土地财政收入主要来源于三个方面,即土地出让收入、土地税收收入和土地抵押贷款收入。考虑到这三个收入的性质和数据的可获得性,本书参照刘玉萍等(2012)和王玉波等(2013)的做法,用土地出让收入和土地税收收入之和作为土地财政收入的衡量指标,其中土地税收收入主要包含房产税、城镇土地使用税、土地增值税、耕地占用税、契税。土地出让收入数据来源《中国国土资源统计年鉴(2001—2017)》,各项税收来源于《中国统计年鉴(2001—2017)》。

4. 经济发展水平(GDP)

陈斌开、林毅夫(2103)等人认为人均生产总值是衡量一个国家或地区经济发展水平的关键指标。因此本书采用人均生产总值作为经济发展水平影响城市化发展的衡量指标。数据来源于历年《中国统计年鉴》。

5. 产业结构升级(industry)

推动产业结构升级,促进区域经济水平和城市化水平的提升是各级地方政府实施产业政策的主要目的。产业结构升级是指产业结构在经济发展过程中实现从量变到质变的转换,一般来说是指第一产业的收入和比重相对减少,而第二产业和第三产业的收入和比重相对上升。改革开放初期,我国一、二、三产业的比重依次降低,但随着产业结构的升级,我国第二产业占比达到最高。近几年,随着服务业的不断发展以及产业结构的高级化,使得我国产业结构实现了由一、二、三向三、二、一的形式转变,即第三产业相对比重达到最高。据此本书将采用徐德云(2008)对我国产业结构升级的测度方法,利用产业结构升级系数 R 来衡量产业结构升级的程度。计算方式如下:

$$R = \sum_{i=1}^{3}(y_i \times i) = y_1 \times 1 + y_2 \times 2 + y_3 \times 3 \tag{7.3}$$

式中，y_i 为第 i 产业产值占总产值的比重，$1 \leqslant R \leqslant 3$。$R$ 接近 1，说明产业结构处在低级阶段，R 接近 3，说明产业结构处在高级阶段。以上各指标数据来源于《中国统计年鉴(2001—2017)》。

6. 对外开放水平(open)

如前文所述，我们采用对外贸易依存度(rdft)和外资依存度(fcd)作为对外开放水平衡量指标，以考察对外开放水平的对区域城市化发展的影响。各指标数据来源于《中国统计年鉴《2001—2017)》。

7. 技术进步(technical progress)

学术界多采用全要素生产率(tfp)的指标作为技术进步的衡量指标。参照 Fare 等(1994)以及江永红等(2018)的做法，采用 Malmquist 指数法对各省(区、市)2001—2016 年全要素生产率进行测算，即：

$$M_i(x_i^t, y_i^t, x_i^{t+i}, y_i^{t+1}) = \sqrt{\frac{D_i^t(x_i^{t+1}, y_i^{t+1})D_i^{t+1}(x_i^{t+1}, y_i^{t+1})}{D_i^t(x_i^t, y_i^t)D_i^{t+1}(x_i^t, y_i^t)}} \tag{7.4}$$

其中 M_i 为 i 省(区、市)的全要素生产率，x_i^t，y_i^t 为 i 省(区、市)在 t 时期的投入和产出，x_i^{t+1}，y_i^{t+1} 为省(区、市)i 在 $t+1$ 时期的投入和产出。$D(x,y)$是 t 时期城市经济活动的生产距离函数。

本书的投入指标包括劳动数量和资本存量，其中劳动投入数量用历年各省(区、市)就业人员数量进行衡量，而资本存量是基于 Goldsmith 开创的永续盘存法，用各时期的实际固定资产投资数量计算所得，其计算公式为：

$$K_{it} = I_{ipt} + (1 - \delta)K_{it-1} \tag{7.5}$$

K_{it} 为 i 省(区、市)在 t 时期的固定资本存量，I_{ipt} 是以 2000 年为基期的 t 时期不变价格资本投入数量，δ 是折旧率，这里我们取 $\delta = 10\%$，K_{it-1} 是 $t-1$ 时期的固定资本存量。而基期的固定资本存量我们按照国际常用的方法计算所得，即：

$$K_{i0} = \frac{I_{i0}}{g + \delta} \tag{7.6}$$

K_{i0} 为各省(区、市)基期的固定资本存量，I_{i0} 为基期的固定资产投资，g 为实际固定资产投资的年均增长率，δ 为折旧率。

产出指标同样是以 2000 年为不变价格得出的历年各省(区、市)实际 GDP，以上各指标数据均来源于历年《中国统计年鉴》。

三、控制变量

1．社会保障(shbz)

社会保障是影响城乡人口转移的重要因素，本书参照杨翠迎(2004)的做法，采用社会保障支出占GDP的比重作为衡量一个地区社会保障水平的高低，各指标数据来源于历年《中国统计年鉴》。

2．社会公共服务支出(spse)

地方政府社会公共服务支出水平直接反映了地方政府对社会公共事业的投资能力。地方政府社会公共服务支出规模的扩大会提升居民享受公共服务和社会福利的水平。因此，地方政府社会公共服务支出的规模也会对农村人口转移和区域城市化发展产生重要影响。参照吴文钰(2014)的做法，用地方政府人均文化、教育、科学和卫生支出作为衡量地区社会公共服务支出规模的大小。各指标数据来源于《中国统计年鉴(2001—2017)》。

3．城乡收入差距(income)

城乡收入差距也是推动区域城市化发展的重要因素。参照多数学者的做法，采用城镇居民人均可支配收入与农村居民人均可支配收入的比值作为城乡收入差距的衡量指标，该比值越大，说明城乡收入差距越大。以上各指标数据均来源于《中国统计年鉴(2001—2017)》。

以上各变量的描述性统计结果如表7.1所示。

表7.1　主要变量的描述性统计

<table>
<tr><th colspan="3">变 量</th><th>样本数</th><th>均 值</th><th>标准差</th><th>最小值</th><th>最大值</th></tr>
<tr><td colspan="2">城市化水平</td><td>urban</td><td>496</td><td>36.7948</td><td>17.9494</td><td>2.9920</td><td>82.7183</td></tr>
<tr><td colspan="2">户籍制度</td><td>household</td><td>434</td><td>35.8110</td><td>16.4578</td><td>14.29</td><td>90.32</td></tr>
<tr><td rowspan="2">财政分权</td><td>财政收入分权</td><td>fid</td><td>496</td><td>3.1425</td><td>2.6599</td><td>0.0687</td><td>14.3581</td></tr>
<tr><td>财政支出分权</td><td>fed</td><td>496</td><td>13.2417</td><td>8.3820</td><td>1.3624</td><td>50.2221</td></tr>
<tr><td colspan="2">土地财政</td><td>land</td><td>496</td><td>811.7141</td><td>1111.217</td><td>0.065</td><td>7627.936</td></tr>
<tr><td colspan="2">经济发展水平</td><td>GDP</td><td>496</td><td>300056.28</td><td>22761.6</td><td>3000</td><td>118198</td></tr>
<tr><td colspan="2">产业结构升级</td><td>industry</td><td>496</td><td>2.2887</td><td>0.1256</td><td>2.0276</td><td>2.7973</td></tr>
<tr><td rowspan="2">对外开放水平</td><td>外贸依存度</td><td>rdft</td><td>496</td><td>0.3023</td><td>0.3770</td><td>0.0319</td><td>1.7843</td></tr>
<tr><td>外资依存度</td><td>fcd</td><td>496</td><td>5.6795</td><td>6.9991</td><td>0.0023</td><td>35.4001</td></tr>
</table>

续表

变 量		样本数	均 值	标准差	最小值	最大值
技术进步	tfp	465	1.0150	0.3102	0.414	2.164
社会保障支出	shbz	496	2.3649	1.8907	0.1327	18.1056
公共服务支出	spse	496	1669.026	1506.472	137.4667	8437.16
城乡收入差距	income	496	1669.026	1506.472	137.4667	8437.16

第三节　回归结果与分析

首先，本书采用2001—2016年全国31个省（区、市）的面板数据对模型（7.1）和模型（7.2）分别进行回归来实证检验城市化动力因素、地方政府行为对区域城市化发展的影响。除了对全国样本数据进行回归之外，本书还采用了分组回归的方式进一步考察了东部、中部和西部地区城市化动力因素以及地方政府行为对城市化发展的影响效果存在的差异性。为了找到更适合的估计方法，本书首先对固定效应模型和随机效应模型进行hausman检验，检验结果表明随机效应模型均被拒绝，因此采用固定效应模型。回归结果如表7.2和表7.3所示。

表7.2是在控制了社会保障支出、社会公共服务支出和城乡收入差距等相关变量的基础上，依次从全国和区域角度考察了经济发展水平、产业结构升级、对外开放水平以及技术进步等城市化动力因素对区域城市化水平的影响。从全国范围来看，经济发展水平、产业结构升级、对外开放水平以及技术进步均对城市化水平具有显著的正向影响，由此便论证了本书理论分析的结果。从区域差异的角度来看，首先，经济发展水平、产业结构升级对东、中、西三大区域的城市化水平均有显著的正向作用，但是从回归系数可以看出，二者对三大区域的城市化的作用效果逐渐减弱，这一结果与现实情况是相符合的，我国经济发展水平与产业结构优化程度由东至西依次减弱，因此对城市化发展的推动作用由东至西也依次减弱。其次，从对外开放水平对三大区域城市化水平的影响效果来看，对外开放水平对中部地区城市化水平的影响效果最为显著，西部次之，东部最小。由此可见增强中西部地区国际资本的吸收能力，提高其对外开放水平，对中西部地区城市化发展具有更加明显的推动作用。最后是技术进步，从回归结果来看，技术进步对东部地区城市化水平具有显著的正向影响，而对中部和西部的回归系数虽然为正，但是并不显著。我

国东部地区的技术水平和创新能力一直高于中部和西部地区，因此对城市化发展的推动作用也更加明显。

表 7.2　城市化动力因素与区域城市化水平的回归结果

变量		全国	东部	中部	西部
城市化动力因素	lngdp	5.6708*** (9.25)	11.3368*** (10.46)	4.2133*** (2.83)	2.6982*** (3.82)
	industry	14.2905*** (2.75)	23.0953** (2.51)	16.7489** (2.19)	−12.5962*** (−2.41)
	rdft	3.7340** (2.55)	−0.0533 (−0.03)	12.9259 (1.32)	3.8249 (0.89)
	fcd	0.3528*** (5.22)	0.0304 (0.39)	1.0612*** (6.90)	1.0125*** (6.07)
	tfp	1.2114** (2.06)	1.9684** (2.27)	1.0285 (1.16)	0.8383 (1.08)
控制变量		√	√	√	√
常数项		−40.3734*** (−3.50)	−102.3748*** (−4.61)	−30.9632*** (−1.45)	32.4901*** (2.95)
R^2		0.3314	0.5489	0.5263	0.5580
观测值		465	165	120	180

注：***、**、* 分别表示 1%、5%、10%的置信水平。

表 7.3 为地方政府行为对城市化水平影响的回归结果。从全国层面来看，户籍制度、财政分权以及土地财政与城市化水平的相关系数均在 1%的置信水平上显著为正，由此说明，户籍制度、财政分权制度以及土地财政等相关政策的实施均对区域城市化发展起到了明显的推动作用，这一结论我们在分析三者与城市化发展的内在联系时已做出了详细说明，这里不再赘述。从区域差异的角度来看，首先，户籍制度改革对城市化水平的影响效果由东至西逐渐减弱，其可能原因在于我国东部较发达地区户籍管理一直较为严格，众所周知，在北京、上海、广东等地落户一直是外来转移人口所面临的一大难题。因此，在这些较发达地区，户籍制度放松就会引起更多的外来转移人口流入该城市生活并定居，从而对城市化水平提升起到了明显的推动作用。而对于中、西部来说，户籍制度相对宽松，并未成为外来转移人口流入城市的主要障碍。其次，从财政分权的影响效果来看，财政收入分权对

东部地区的城市化水平具有显著的正向作用，而对中部和西部地区虽然也具有明显的正向影响，但是影响的效果并不显著。财政支出分权对东部和中部地区均具有显著的正向影响，但是对中部地区影响效果却明显弱于中部地区，而对西部地区同样具有正向影响，却依然没有通过显著性检验。总的来说，财政分权对东部地区城市化水平推动作用的影响最为显著，中部次之，西部最小。对于出现这一结果的原因，张晏等(2005)和温姣秀等(2010)做出了解释。其主要原因在于中、西部等落后地区面临着比东部地区更大的财政压力，受到财政能力的限制，这些地区的政府只能倾向于经常性的财政支出，甚至于有些贫困地区就是吃饭财政，地方政府根本无能力进行城市基础设施建设的投资，所以中、西部地区财政分权对城市化水平的推动作用会明显弱于东部地区。最后，土地财政对东部、中部和西部地区城市化水平的均有显著的正向影响，但是对东部地区的作用效果明显强于中部和西部地区。东部发达地区城市土地价格较高，其地方政府对土地财政的依赖程度也大于中部和西部地区，从而对城市化的推动作用也明显高于中部和西部地区(顾乃华 等，2011；王玉波 等，2107)。

表 7.3　政府行为与区域城市化水平的回归结果

变量		全国	东部	中部	西部
地方政府行为	household	0.3242*** (7.89)	0.3289*** (4.08)	0.2110*** (4.01)	0.2213*** (3.69)
	fid	2.8722*** (8.78)	2.0290*** (4.05)	1.7045 (1.47)	0.8452 (0.96)
	fed	0.3114*** (4.36)	0.7084*** (3.44)	0.4846*** (4.12)	0.1396 (1.12)
	lnland	0.6838** (2.01)	2.4689*** (4.04)	0.2076*** (0.32)	0.3689*** (1.30)
控制变量		√	√	√	√
常数项		19.5126*** (6.86)	26.9342*** (4.29)	25.4266*** (4.34)	20.6889*** (5.56)
R^2		0.4385	0.4941	0.5091	0.5650
观测值		434	154	112	168

注：***、**、* 分别表示 1%、5%、10%的置信水平。

第四节　影响因素的交互作用

为了考察地方政府行为对城市化动力因素的影响进而对区域城市化水平的作用效果，本书建立模型实证检验地方政府行为与城市化动力因素的交互项对区域城市化水平产生的影响。若交互项的回归结果为正，说明二者具有互补作用，若结果为负说明二者具有替代作用。此外，由于户籍制度对城市化发展的影响主要体现在城乡人口的转移上，而对城市化动力因素的影响较小，因此在考察地方政府行为与城市化动力因素的交互项对区域城市化的作用效果时，只考察了财政制度、土地制度与城市化动力因素的交互项。加入交互项的计量模型设定如下：

$$\text{urban}_{it} = \gamma_0 + \gamma_1 \text{Gov}_{it} \times Z_{it} + \gamma_3 X_{it} + \varepsilon_{3it} \tag{7.7}$$

其中，$Gov_{it} \times Z_{it}$代表地方政府行为与城市化动力因素的交互项，包括财政分权与城市化动力因素的交互项、土地财政与城市化动力的交互项。在回归之前，同样对随机效应模型和固定效应模型进行了 hausman 检验，检验结果表明应该使用随机效应模型。回归结果如表 7.4 和 7.5 所示。

表 7.4　财政分权与城市化动力因素交互项对区域城市化影响的回归结果

变量	(1)	(2)	(3)	(4)	(5)	(6)	(7)	(8)
fid×lngdp	0.3146*** (13.72)							
fid×industry		1.4572*** (13.91)						
fid×rdft			0.8198*** (3.74)					
fid×fcd			0.0290*** (3.53)					
fid×tfp				0.8098*** (6.20)				
fed×lngdp					0.0553*** (9.45)			

续表

变量	(1)	(2)	(3)	(4)	(5)	(6)	(7)	(8)
fed× industry						0.2679*** (9.52)		
fed×rdft							0.1789*** (2.66)	
fed×fcd							0.0168*** (10.18)	
fed×tfp								0.1689*** (4.99)
控制变量	√	√	√	√	√	√	√	√
常数项	29.794*** (10.06)	26.184*** (8.74)	24.479*** (7.55)	26.781*** (7.76)	41.646*** (11.75)	40.998*** (11.73)	33.050*** (10.18)	28.124*** (8.21)
R^2	0.4148	0.3924	0.3634	0.3610	0.4574	0.4455	0.4130	0.4038
观测值	496	496	496	465	496	496	496	465

注：***、**、*分别表示1%、5%、10%的置信水平。

表7.4为财政分权与城市化动力因素交互项对区域城市化影响的回归结果，第(1)列至第(4)列为财政收入分权与城市化动力因素的交互项对区域城市化发展的影响，结果表明财政收入分权与经济发展水平、产业结构升级、对外开放水平以及技术进步的交互项均对区域城市化水平产生显著的正向作用。第(5)列至第(8)列为财政支出分权与城市化动力因素的交互项对区域城市化发展的影响，结果表明财政支出分权与经济发展水平、产业结构升级、对外开放水平以及技术进步的交互项同样对区域城市化水平具有显著的正向影响。由此说明，财政分权不仅刺激了地区经济水平的提升，同时对区域产业结构升级、对外开放以及技术进步也具有明显的促进作用，两者的相互作用带动了区域城市化的发展。

土地财政与城市化动力因素的交互项对区域城市化水平影响的回归结果表明土地财政与经济发展水平、产业结构升级、对外开放水平以及技术进步的交互项均对区域城市化水平具有显著的正向影响(见表7.5)。根据前文分析可知，目前我国地方政府依靠土地财政获取的收入在逐渐增加，而这些收入绝大部分都用于城市基础设施建设，从而带动了区域经济和城市化的发展。此外，地方政府通过税收优惠、低价出让土地等方式吸引外商和企业投资，不仅能够带动地方产业结构的转型升级，更加强了地方与外界的交流与合作，进一步提高了本地区的对外开放水平。而且土地财政扩大了地方政府的财政支出规模，使得地方政府能够有更加宽裕的资金去激励地方企业进行研发投入与技术创新，进一步带动了区域经济与城市化发展。

表 7.5　土地财政与城市化动力因素的交互项对区域城市化影响的回归结果

变量	(1)	(2)	(3)	(4)
lnland×lngdp	0.1385*** (3.47)			
lnland×industry		0.3553** (2.06)		
lnland×rdft			0.5925*** (2.90)	
lnland×fcd			0.0514*** (5.83)	
lnland×tfp				0.1800** (1.97)
控制变量	√	√	√	√
常数项	30.858*** (7.81)	25.638*** (7.19)	30.065*** (9.09)	22.392*** (6.70)
R^2	0.3809	0.3840	0.3649	0.3921
观测值	496	496	496	465

注：***、**、* 分别表示 1%、5%、10%的置信水平。

本章从全国和区域两个角度对城市化动力因素、地方政府行为与城市化水平之间的关系进行了实证检验，回归结果很好地印证了前文理论分析的内容与结论。从全国的角度来看，城市化动力因素及其地方政府行为均对城市化水平的提升起到了显著的推动作用。从区域差异的角度来看，由于我国东部、西部和中部地区经济发展水平、产业结构优化程度、对外开放水平、技术进步以及地方政府行为等存在明显的差异，从而导致这些因素对各地区城市化发展的影响效果也存在明显的不同。由于东部发达地区在各方面均占有明显的优势，使得该区域城市化一直处于较高的发展水平，这也是导致我国区域城市化非均衡发展非常重要的原因。进一步，我们对地方政府行为和城市化动力因素的交互项对城市化水平的影响效果进行了实证检验，结果表明，地方政府行为与城市化动力因素的交互项对促进城市化的发展具有明显的互补作用，即地方政府行为能够带动地方经济发展、产业结构升级、对外开放水平提升以及技术进步，从而促进各区域城市化水平有了不同程度的提升。

第八章　发达地区城市化发展的经验与启示

城市化发展到成熟阶段就会在空间上产生一定的集聚，从而形成城市群。城市群具体是指在特定的地域范围内，由1个以上的特大城市为核心，由3个或3个以上大城市或都市区构成的基本单元，并依托高度发达的交通网络等基础设施网络在空间形态、产业组织等方面形成了高度紧密的联系，并最终实现同城化和高度一体化的城市体(方创琳 等，2018)。所以说，城市群是城市化发展的高级形态，具有经济活力大、开放程度高、创新能力强、人口规模大、地理位置优越、交通网络发达等特点。我国《十三五规划纲要》指出“要优化城镇化布局和形态，……，加快城市群建设发展，增强城市中心辐射带动功能”，十九大报告进一步强调“实施区域协调发展战略，以城市群为主体构建大中小城市和小城镇协调发展战略”。由此可见，城市群的建设和发展不仅能够推动我国城市化水平进入到更高阶段，而且对于推动我国各区域城市化协调发展也具有非常重要的意义。

根据“十三五”报告显示，目前我国已经建设了包括长三角城市群、珠三角城市群、京津冀城市群、成渝城市群、中原城市群、关中平原城市群以及滇中城市群等大大小小在内的19个城市群，其中世界级城市群有3个，分别是长三角、珠三角、京津冀城市群。国家级城市群有7个，分别是成渝、中原、关中平原、辽中南、长江中游、山东半岛和海峡西岸城市群，剩余9个为区域级城市群(见表8.1)。在三大世界级城市群中，长三角城市群是中国城市化水平最高、城市分布最密集和经济发展水平最高的地区，是目前全球公认的世界级城市群。因此，长三角地区城市化发展历程及其成功经验对于促进我国区域城市化均衡发展具有很好的借鉴意义。

表8.1　我国城市群区域分布情况

世界级城市群	长三角、珠三角、京津冀
国家级城市群	成渝、中原、关中平原、辽中南、长江中游、山东半岛、海峡西岸
区域级城市群	哈长、山西中部、呼包鄂榆、宁夏沿黄、兰州西宁、黔中、滇中、北部湾、天山北坡

综上，本章内容安排如下：第一节为长三角地区城市化发展状况；第二节为长三角城市化发展中的政府行为；第三节为长三角城市化发展的经验与启示。

第一节　长三角地区城市化发展状况

一、区域发展概况

从地理位置来看，长三角地区位于我国东部沿海地区和长江流域结合处，地处亚太经济区和太平洋西岸的中间地带，占据着太平洋航线的重要位置。该地区不仅拥有连接南北、贯穿东西的立体式交通网络和现代化港口，又能面向国际，同世界各国进行贸易往来，因此是我国实施区域经济发展战略的重要区域。从自然条件来看，长三角位于我国亚热带地区，土地肥沃、气候湿润，地势平坦、河流纵横，自然资源丰富，因此农业发展条件优越、历史悠久，素来有“鱼米之乡”和“丝绸之乡”的美称。

2019年《长江三角洲区域一体化发展纲要》将长三角城市群规划范围正式定位苏浙皖沪三省一市全域，并以上海市，江苏省的南京、无锡、常州、苏州、南通、盐城、扬州、镇江、泰州，浙江省的杭州、宁波、温州、嘉兴、湖州、绍兴、金华、舟山、台州，安徽省的合肥、芜湖、马鞍山、铜陵、安庆、滁州、池州、宣城等27个城市作为中心区域，带动并辐射长三角地区城市化高质量发展。长三角城市群具有雄厚的经济基础，是我国综合实力最强的区域。首先，从各产业发展情况来看，长三角农业发展水平较高，制造业、服务业和高新技术产业等国家重点产业发达，经济体系较为完善，而且形成了全方位、高水平、多层次的对外开放格局。其次，许多一线及发达城市组成了长三角的“心脏”。上海是我国三大一线城市之一，拥有中国最大的工业基地和外贸港口，同时也是中国金融、贸易及航运的中心。南京为江苏省省会城市，具有悠久的历史文化，是国家重要的创新基地、现代服务业基地和现代制造业基地。杭州为浙江省省会城市，是浙江省政治、经济、金融、文化和贸易的中心，也是长三角地区辐射带动中西部地区发展的重要城市。最后，长三角还形成了极为发达的水陆空立体式交通网络系统。不仅有京沪、沪杭、京九、京广等重要的铁路干线，而且拥有浦东、虹桥、白云、宝安等国家级乃至世界级的航空枢纽港。在公路交通方面一、二、三级网络系统完备，更形成了以沪、宁、杭3个中心城市为节点的长三角高速公路网络，带动了长三角区域内各沿线城市的快速发展。

二、经济发展状况

长三角作为我国经济实力最强的城市群之一，在市场化以及全球化背景下，经济总量持续增长，产业结构也在不断升级完善。从整体经济规模的变化情况来看，2001—2017 年，长三角城市群地区国内生产总值呈现出逐年上升的趋势，2001 年为 22.05 亿元，2017 年增加到 16.50 亿元，年均增长率为 13.93%。2001—2017 年，长三角城市群国内生产总值占全国的比重也呈现出波动上涨的趋势，2001 年占比为 18.48%，2017 年增加到 20.11%，2005 年占比最高为 20.80%（见图 8.1）。2016 年，上海生产总值为 30114 亿元，名义上增长 9.1%，实际增长 6.7%，位居全国第一（见表 8.2）。从财政收入和对外开放水平来看，2016 年，长三角城市群财政收入总额为 18547.68 亿元，其中上海市为 6192.78 亿元，江苏省 8 市为 6192.78 亿元，浙江省 9 市为 4308.09 亿元，安徽省 8 市为 1640.68 亿元，占全国财政收入的比重为11.62%。实际利用外商投资为 682.34 亿美元，其中上海市为 185.14 亿美元，江苏省 8 市为 223.88 亿美元，浙江省 9 市为 171.07 亿美元，安徽省 8 市为 102.25 亿美元，三省一市占全国的比重为 54.15%。如表 8.3 所示[①]。

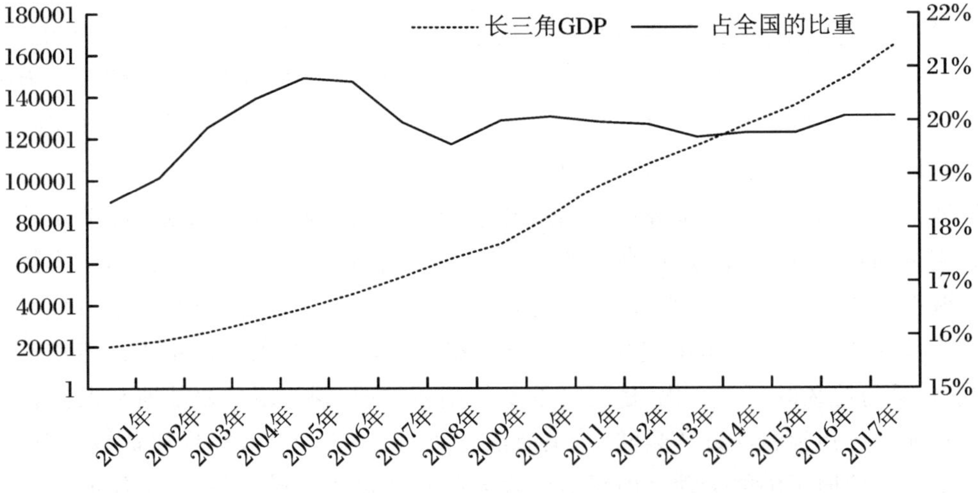

图 8.1　2001—2017 长三角城市群总产值（单位：亿元）及其占全国的比重

数据来源：根据《中国城市统计年鉴（2001—2017）》数据整理所得。

① 由于 2019 年才将长三角城市群进行全域划分，且将温州市划分为长三角城市群中心区域。因此该分析仅采用 2016 年《长江三角洲城市群发展规划》中所包含的 26 个中心城市（不含温州市）的数据，下同。

表 8.2　2016 年长三角城市群 GDP 排名前十的城市

城市	GDP(亿元)	较上年增加(亿元)	名义增长率	实际增长率
上 海	30114	2331	9.1%	6.7%
苏 州	17320	1920	12.5%	7.0%
杭 州	12556	1242	11.0%	8.0%
南 京	11715	1212	11.5%	8.1%
无 锡	10551	1301	14.2%	7.4%
宁 波	9847	1161	13.4%	7.8%
南 通	7734	966	14.0%	8.0%
合 肥	7213	939	15.0%	8.8%
常 州	6622	848	14.7%	8.1%
绍 兴	5108	319	7.1%	6.7%

数据来源：根据《中国城市统计年鉴》数据计算整理所得。

表 8.3　2017 年长江三角洲城市群各地区财政收入和实际利用外资情况

地 区	财政收入(亿元)	占全国比重	实际利用外资(亿美元)	占全国比重
上海市	**6406.13**	**34.54%**	**185.14**	**27.13%**
江苏省	**6192.78**	**33.39%**	**223.88**	**32.81%**
南 京	1142.6	6.16%	34.79	5.10%
无 锡	875	4.72%	34.13	5.00%
常 州	480.29	2.59%	25.00	3.66%
苏 州	1730.04	9.33%	60.03	8.80%
南 通	590.18	3.18%	23.87	3.50%
盐 城	415.18	2.24%	7.07	1.04%
扬 州	345.3	1.86%	12.04	1.76%
镇 江	293.01	1.58%	13.51	1.98%
泰 州	321.18	1.73%	13.44	1.97%
浙江省	**4308.09**	**23.23%**	**171.07**	**25.07%**
杭 州	1402.38	7.56%	72.09	10.57%

续表

地 区	财政收入(亿元)	占全国比重	实际利用外资(亿美元)	占全国比重
宁 波	1114.54	6.01%	45.13	6.61%
嘉 兴	387.93	2.09%	26.92	3.95%
湖 州	211.18	1.14%	10.01	1.47%
绍 兴	390.30	2.10%	8.00	1.17%
金 华	338.14	1.82%	3.43	0.50%
舟 山	120.32	0.65%	2.10	0.31%
台 州	343.28	1.85%	3.37	0.49%
安徽省	**1640.68**	**8.84%**	**102.25**	**14.99%**
合 肥	614.85	3.31%	28.30	4.15%
芜 湖	298.72	1.61%	25.11	3.68%
马鞍山	140.32	0.76%	20.95	3.07%
铜 陵	80.72	0.44%	2.43	0.36%
安 庆	127.99	0.69%	1.81	0.26%
滁 州	167.31	0.92%	11.44	1.68%
池 州	71.45	0.39%	3.61	0.53%
宣 城	139.32	0.75%	8.60	1.26%

数据来源：根据 2017 年《中国城市统计年鉴》数据整理所得。

三、城市化发展状况

长江三角洲城市群是我国城镇最为密集、城市化水平最高的地区之一。目前长三角城市群已经形成了较为完善的城市化体系，特大城市、大城市、中等城市和小城市共同组成了长三角城市系统。根据 2014 年国务院《关于调整城市规模划分标准的通知》中规定的城市类型划分标准，可根据城市常住人口规模将我国城市划分为五档七类，如表 8.4 所示。城市常住人口规模在 50 万以下的为小城市，50 万以上 100 万以下的为中等城市，100 万以上 500 万以下的为大城市，500 万以上 1000 万以下的为特大城市，1000 万以上的为超大城市。依照此划分标准根据 2016 年城市常住人口数量可以将长三角城市群的城市划分为五类，其中，小城市 4 座，分别为铜陵、池州、宣城、滁州；中等城市 7 座，分别为镇江、湖州、嘉兴、金华、舟山、马鞍山、安庆；大城市 13 座，分别为苏州、无锡、南通、常州、盐城、扬州、泰州、杭州、宁波、绍兴、台州、合肥、芜湖；特大城市 1 座，为南京市；超大城市 1 座，为上海市。

表 8.4　我国城市类型划分标准

城市类型		常住人口规模(万人)	城　　市
小城市	Ⅰ型小城市	20～50 万	铜陵、池州、宣城、池州
	Ⅱ型小城市	20 万以下	
中等城市		50～100 万	镇江、湖州、嘉兴、金华、舟山、马鞍山、安庆
大城市	Ⅰ型小城市	300～500 万	苏州、无锡、南通、常州、盐城、扬州、泰州、杭州、宁波、绍兴、台州、合肥、芜湖
	Ⅱ型小城市	100～300 万	
特大城市		500～1000 万	南京
超大城市		1000 万以上	上海

资料来源:国务院《关于调整城市规模划分标准的通知》(2014)及长三角城市群各城市等级规模划分(2016)。

2016 年,长三角城市群城镇人口占总人口的比重为 70.46%,高出全国水平 22.98%,其中,上海市城市化水平最高。2016 年上海市市区常住人口为 2127 万人,城市化率高达 87.9%。其次为杭州、苏州、合肥和宁波,城市化率分别为 76.2%、75.5%、72.05%和 71.9%。城市化水平相对较低的几所城市分别为铜陵 54.14%、池州 52.3%、宣城 52.3%、滁州 50.4%和安庆 47.19%,但相较于全国而言依然处于城市化发展的中等水平,见图 8.2。

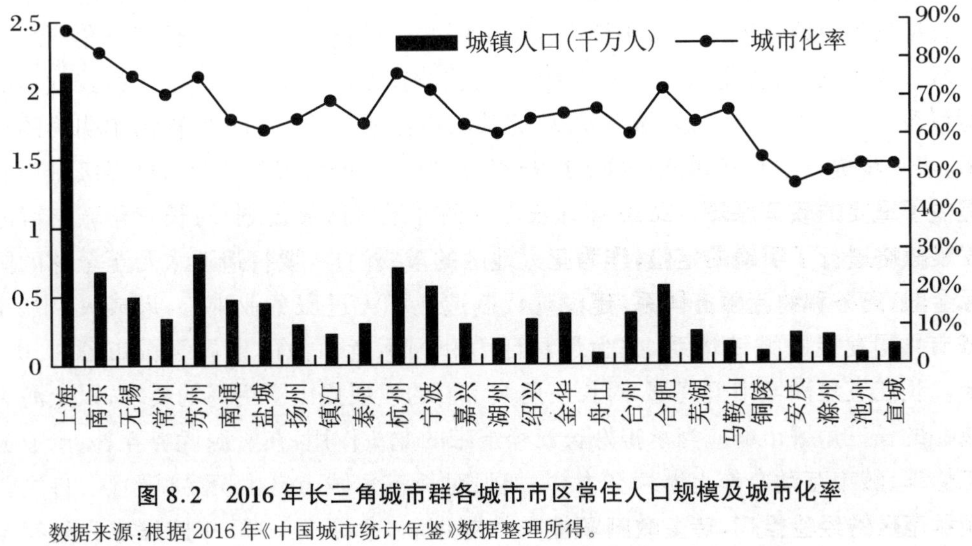

图 8.2　2016 年长三角城市群各城市市区常住人口规模及城市化率

数据来源:根据 2016 年《中国城市统计年鉴》数据整理所得。

第二节　长三角城市化发展中的政府行为

目前长三角城市群成为我国区域一体化和城市一体化发展的领先区和示范区。长三角城市群在经济与城市化发展中所取得巨大成就离不开各级政府的积极引导。

一、中央政府行为在长三角城市化发展中的作用

长三角作为我国经济发展中的重要领地，自改革开放以来就得到了中央政府的高度重视。1982 年，国务院发布了《关于建立上海经济区和山西能源基地规划办公室》通知，决定建议以上海为中心，包括江苏苏州、无锡、常州、南通和浙江杭州、嘉兴、湖州、宁波、绍兴等 10 个城市在内的上海经济区。上海经济区的建立不仅加强了各地区之间的联系与合作，促进了各地区经济的快速发展，同时也为长三角以后区域经济发展积累了宝贵的经验。1984 年，国家首批开放的 14 个沿海城市中，上海、宁波、温州、南通等城市成为其中一员，利用开放城市的特殊政策和国际市场的优势资源，这些地区在技术创新能力以及国际竞争能力等方面得到了快速提升。此后，上海经济区各项区域发展政策及改革措施对于长三角城市群核心城市的发展和崛起起到了至关重要的作用。2008 年，国务院出台《关于进一步推进长江三角洲地区改革开放和经济社会发展的指导意见》，对推进长江三角洲地区区域一体化发展、优化长江三角洲地区产业结构、提升长江三角洲地区科技创新能力以及对外开放水平、统筹城乡发展、完善城市体系及功能等问题作出了明确的指示，进一步提升了长三角城市群的综合实力，为长三角城市群发展为世界级城市群提供了重要的政策保障。2010 年，《长江三角洲地区区域规划》对长三角城市群的发展战略进行了明确的定位，作为亚太地区的重要门户，要打造亚太乃至全球的国际金融、商务和物流服务体系，建设现代制造业和先进服务业中心，形成大、中、小城市共同发展的城镇体系，成为最具活力和国际竞争力的世界级城市群。2016 年，《长江三角洲城市群规划》对长三角城市群的发展提出了更高的要求，以上海为核心的长三角城市群应当承担好长江经济带的龙头作用，在资源优势互补、产业分工协作、城市互动合作上继续努力，并加强对长三角城市自由贸易试验区、自主创新示范区的经验推广，转变政府职能与体制创新，争取在 2030 年建设成为具有全球影响力的世界级城市群。由此可见，中央政府的因势利导与政策倾斜对长三角

城市群经济与城市化的快速发展起到了至关重要的作用。

二、地方政府行为在长三角城市化发展中的作用

在中央政府的带领下，地方政府对长三角城市群的发展也做出了积极的响应与努力，主要表现在以下几个方面。

第一，积极建立和完善区域协同发展的合作机制，为长三角城市一体化发展提供了重要的制度保障。为了促进长三角地区之间经济的联合与协作，1992 年，上海、南京、苏州、杭州、宁波等 15 座城市建立经济协作部门主任联席会议制度，1997 年更名为长江三角洲经济协调会。该会议每两年举办一次，每次会议都会根据不同主题对长江三角洲经济区域经济的协调与合作进行深入讨论。例如第十五次的会议主题为“适应新常态、把握新机遇——共推长三角城市新型城镇化”，会议强调：面对当前错综复杂的国内外经济形势，长三角协调会围绕“四个全面”的战略布局，以建设世界级城市群为目标，深化区域合作，强化创新驱动，积极参与“一带一路”和长江经济带建设，在制度创新、科技进步、产业升级、绿色发展、新型城镇化建设等方面走在全国前列，不断提升区域协同发展水平和核心竞争力。2001 年，由上海市、江苏省、浙江省共同发起建立了“沪苏浙经济合作与发展座谈会”，会议设定了区域大交通体系、资源信息共享、区域旅游合作、生态环境保护、人力资源合作、区域规划、信用体系建设、推进自主创新和能源发展 9 个主题。“三方合作会议”的建立标志着长三角区域合作进入了一个着眼于建立以长期性、战略性、整体性区域合作框架的新阶段。2004 年，长三角“三省一市主要领导座谈会议制度”的建立标志着长三角区域合作已经进入到最高决策层的视野。2008 年，长三角政府层面正式执行决策-协调-执行三级运作的区域合作机制，确立了“主要领导座谈会明确任务方向、联席会议协调推进、联席会议办公室和重点专题组具体落实”的机制框架。2018 年，由上海、浙江、江苏、安徽三省一市联合组建的长三角区域合作办公室在上海正式挂牌成立，这不仅意味着长三角区域合作机制迈入到一个新的阶段，即实现了从“三级运作”到“合署办公”的重大转折，同时也意味着长三角城市一体化进程向前迈出了一大步。

第二，招商引资竞争成为地方政府推动区域经济和城市化发展的重要手段。招商引资是一个地区集聚生产要素、推动经济发展的重要力量。为推动管辖区域经济社会的发展，长三角地区各级政府凭借良好的区位优势和资源优势展开了激烈的招商引资竞争。一方面，良好投资环境是招商引资的重要保障。开发区的建设与发展是政府作用与城市发展的重要载体，也是政府招商引资的重要手段。开发区是指国家为实行改革开放政策由国务院和各级人民政府在城市未开发的规划

区域内设立的享受国家特殊优惠政策的现代化园区。在开发区内，各级政府集中力量完善基础设施建设，创建国际性的投资环境，再利用吸引的外资形成以高新技术产业为主体的现代化工业机构，从而形成重要的对外经济贸易区域。从长三角开发区的建设情况来看，2017 年，长三角各类型开发区高达 456 个，其中国家级开发区 140 个，占全国的 27.45%，省级开发区 316 个，占全国的 15.87%，并且开发区创造的工业总产值占长三角地区总值的比重高达 53.41%[①]。另一方面，各种优惠政策是招商引资的重要利器。低价出让土地、税收优惠等各种政策成为地方政府招商引资竞争的重要手段，对于长三角地区的政府也不例外。已有研究表明，目前长三角地方政府存在着明显招商引资竞争过度的行为。例如，苏州工业园区开发土地的市场价格为 20 万元/亩，而实际出让给开发商的价格最高仅有 12 万/亩。上海市“173 计划”规定对试点园区的耕地占用税、土地出让契税返还 50%，诸如此类的优惠政策在长三角其他地区随处可见。此外，基础设施重复建设、政府过度干预等行为均成为长三角地方政府招商引资的惯用手段。

第三，人才引进策略成为推动地区经济和城市化可持续发展的重要动力。对重点产业和领域人才的吸收和引进，是提高区域创新能力，推动经济和城市化发展的举措。长三角地区是我国科技创新的重点区域，也是服务业和高新技术产业高度发达的地区，因此对高层次人才队伍的建设显得尤为重要。从人才战略的角度出发，长三角地方政府纷纷出台各项人才引进政策，为本区域经济发展储备强大的后续力量。2008 年，国家出台了《海外高层次人才引进计划》(简称“千人计划”)，目的在于吸引更多具有专业技术，能够带动高新产业和新兴学科发展的高层次人才来华创业。计划出台以后，长三角各级政府积极响应并取得了可观的成果，截止到 2014 年，仅上海、江苏、浙江三个地区引进高层次人才数量就达 1300 人之多，分别位居全国的第二、三、四名。目前，长三角各地区人才引进策略也日趋完善(李荣杏 等，2016)。

---

① 数据来源：曾刚：长三角一体化三个重点发力方向——顶层行政体制设计、生态联合管控与开发区合作。

第三节　长三角地区城市化发展的政策启示

一、区域经济均衡发展是推动区域城市化均衡发展的重要基础

经济水平是城市化发展的重要基础，长三角区域协调发展机制的建立，促进了各区域间的联系与合作，提高了区域经济的空间溢出效应。此外，随着铁路系统和公路系统的等交通网络的不断完善，加强了各区域间资本和要素的流动，从而缩小了地区之间经济发展水平的差异，带动了各区域城市化的同步发展。中国城市化水平区域差异问题一直存在而且备受关注。因此，我国应从全局的角度建立区域经济协调发展的合作机制，加强各区域间的交流与合作，实现优质资源的区域共享。进一步完善各地区间交通网络系统，尤其对于一些贫困落后地区，消除其与外界联系的交通障碍，使得落后地区能够摆脱资本要素和劳动力在区域之间流动的限制，从而提高我国资源的配置效率，缩小区域经济发展水平之间的差异，促进区域城市化协调发展。

二、区域协调发展战略是推动区域城市化均衡发展的重要力量

区域协调发展策略对推动长三角各城市经济以及城市化的共同发展均起到了积极的作用。改革开放以来，我国陆续实施了西部大开发、东北老工业基地振兴以及中部崛起等区域发展战略来缩小我国区域发展之间的差距，这些战略虽起到了明显的成效，但是并未从根本上解决我国区域发展水平差距的问题。而长三角城市群的成功经验为我们从全局角度制定区域协调发展战略提供了很好的思路。首先要进一步加强制度创新，发挥市场机制的调节作用，促进各生产要素在跨区域的自由流动。其次，要充分发挥地方政府的积极作用，完善区域发展战略的规划与实施机制，协调各区域间的利益关系，因地制宜地实施区域发展战略。最后，要进一步扩大区域对外开放水平，促进国际与国内、沿海与内陆、发达地区与欠发达地区经济的交流与合作，并形成全方位的对外开放格局。

第九章　结论与政策建议

第一节　结　　论

21 世纪是中国城市化发展的关键时期，2011 年中国城市化水平超过 50%，并由此正式进入到“城市化社会”的行列，中国城市化的步伐一发不可收拾。伴随着城市化的快速发展，我国城市化区域非均衡发展问题也日益凸显。已有研究表明，经济发展水平、产业结构升级、对外开放以及技术进步等是城市化发展的主要动力，而经济发展水平、产业结构、对外开放水平以及技术进步等差异是影响区域城市化非均衡发展的主要原因。事实上，在中国的城市化进程中除了以上因素外，政府行为对城市化发展也具有重要影响。地方政府作为区域城市化发展中的主体，通过各项制度和政策的制定与实施对城市化发展的动力因素产生影响，进而影响区域城市化进程。因此，本书突破已有的研究思路，以城市化发展的动力因素为切入点，将地方政府行为纳入到中国区域城市化非均衡发展问题的研究框架中，从理论和实证两个角度深入分析了地方政府行为差异对区域城市化非均衡发展产生的影响，从而得出了一些有意义的结论。

第一，以城镇人口比重、城镇人口规模和城镇第二、三产业就业人口比重构建人口城市化综合评价指标体系，并采用熵值法对我国人口城市化综合发展水平进行测算，结果表明：由于我国人口统计标准的误差，导致我国城镇人口统计偏高，因此采用人口城市化综合发展指标则更能准确地反映我国城市化发展的真实水平。此外，采用基尼系数法和核密度估计法对我国城市化区域非均衡发展程度和时空演变趋势特征进行探究，结果表明：

(1) 2001—2017 年我国人口城市化区域非均衡发展程度呈现出持续下降的趋势，而区域发展战略的实施是影响我国区域城市化非均衡发展程度降低主要原因。从三大区域内差异程度来看，东部发达地区和西部落后地区的人口城市化基尼系数均高于中部地区，但整体上来看，东、中、西三大区域人口城市化差异程度同全国类似，均表现出下降的趋势。从三大区域间的变化趋势来看，东-西基尼系数大于中-西基尼系数大于东-中基尼系数，但三大区域间的人口城市化基尼系数均也表现出明显的下降趋势。

(2) 2001—2017 年全国人口城市化水平出现轻微的多极化趋势，但是区域间差异程度在逐渐缩小。从东、中、西三大区域来看，2001—2017 年，我国东、中、西三大区域人口城市化核密度曲线均表现为由左向右移动的趋势，且有多个峰值出现。说明三大区域的人口城市化水平在逐渐上升，多极化现象明显。但总体来看，三大区域人口城市化水平非均衡发展程度在逐渐缩小。

第二，地方政府行为对区域城市化发展具有重要影响。城市化是一系列因素综合作用的结果，本书的研究结果表明，经济发展水平、产业结构升级、对外开放水平以及技术进步等是推动城市化发展的主要动力，而地方政府通过制定相关的制度和政策，对城市化动力因素产生影响，进而影响区域城市化的发展。一方面，地方政府通过制度创新和政策突破来促进地方经济发展、产业升级以及技术进步，进而改变区域城市化发展模式和进程。另一方面，地方政府通过就业政策、户籍政策以及社会保障政策等对城市业结构和人口迁移产生影响，从而影响区域城市化水平。

第三，地方政府行为差异是影响区域城市化非均衡发展的重要原因。从户籍制度、财政制度和土地财政三个方面探讨了地方政府行为与区域城市化发展的内在联系。首先，户籍制度对城市化进程的根本影响在于不同的户籍形式所造成的社会福利的差异严重阻碍了农村劳动力的转移。通过对改革开放以来我国户籍制度改革的历程以及农村劳动力转移情况的梳理发现，宽松的户籍制度使得我国农村劳动力转移数量有了明显增加，而不同区域户籍制度改革的差异势必会对区域城市化发展产生不同的影响。其次，财政分权制度的改革引发的地方政府竞争，推动了地方经济与城市化的发展。但是由于不同区域财政分权程度的差异导致其对城市化发展的影响程度也有所不同，经济发达地区财政分权程度较高，对城市化发展的推动作用较大，而经济落后地区财政分权程度较低，对城市化发展的推动作用较小。最后，土地财政扩大了地方政府的财政收入，使得地方政府有更多资金投入城市基础设施建设，从而促进了城市化的发展。但是各地区土地财政的收入规模存在着巨大差异。总的来说，经济越发达地区土地财政收入规模越大，对土地财政的依赖程度也越高，而经济落后地区则相反。

第四，从全国和区域两个角度对城市化动力因素、地方政府行为与城市化水平之间的关系进行了实证检验。从全国的角度来看，城市化动力因素及其地方政府行为均对城市水平的提升起到了显著的推动作用。从区域差异的角度来看，由于我国东部、西部和中部地区经济发展水平、产业结构优化程度、对外开放水平、技术进步以及地方政府行为等存在明显的差异，从而导致这些因素对各地区城市化发展的影响效果也存在明显的差异。由于东部发达地区在各方面均占有明显的优势，使得该区域城市化一直处于较高的发展水平，这也是导致我国区域城市化非均衡发展非常重要的原因。进一步，我们对地方政府行为和城市化动力因素的交互项对城市化水平的影响效果进行了实证检验，结果表明，地方政府行为与城市化动力因素的交互项对促进城市化的发展具有明显的互补作用，即地方政府行为能够带动地方经济发展、产业结构升级、对外开放水平提升以及技术进步，从而促进各区域城市化的发展。

第二节　政 策 建 议

城市化的健康发展对新时代中国经济社会的发展具有重要意义。因此针对以上各章节的研究内容及结果，本书将重点在如何推进区域城市化均衡可持续发展的问题上从动力机制和地方政府行为两个方面提出如下政策建议。

一、以经济高质量发展带动城市化水平提升，促进区域城市化均衡发展

经济社会发展水平的差异是导致我国区域城市化水平差异的主要原因。改革开放初期，我国经济发展水平较为落后，因此实现经济持续快速在增长成为当时经济发展的主要目标。从经济增长的角度看，40 年来中国的经济增长确实创造了一个世界性的奇迹，1978 年，中国人均国内生产总值只有 381 元，是世界上典型的低收入国家，而到了 2017 年，我国人均国内生产总值达到了 59660 元，跻身成为世界中等偏上收入的国家。这一时期，中国虽然实现了经济的高速发展，但是粗放型的增长方式为中国经济的可持续发展带来了诸多隐患。例如“先富带后富”的发展战略使得我国区域间经济发展水平的差距越来越大，后来，国家相继实施了“西部大开发”“振兴东北老工业基地”“促进东部崛起”等一系列区域发展战略，虽然在一定程度上缩小了区域发展之间的差异，但是并未从根本上解决我国区域非均衡发展问题，这也是造成我国区域城市化水平差异的根本原因。因此，我们必须对区域经济发展提出新的要求，即实现经济由高速增长阶段向高质量增长阶段的转变。十八大以来，各级领导人直面我国经济发展的深层次矛盾和问题，提出创新、协调、绿色、开放、共享的新发展理念，为新时代中国特色社会主义经济实现高质量发展指明了方向。因此各个地区，尤其是经济发展水平相对落后中、西部地区，应当紧跟

时代脚步，努力实现各区域经济的高质量发展，从而带动城市化水平的提高，缩小区域间城市化水平的差距。

第一，以创新促发展，应当加强落后地区技术创新能力的提升。《中国区域创新能力报告 2017》指出我国东部地区的创新能力明显高于中部和西部地区，且东部地区的广东省、江苏省与北京市分别位居创新能力前三，而这些省（区、市）的经济发展水平也是名列前茅。由此可见，创新是推动一个地区经济发展的核心力量，也是其竞争力形成的重要基础。因此落后地区要想实现经济的发展，必须提高区域技术创新能力。

首先，资本的投入是创新能力提升的重要保障，因此，需要加大科研资金投入，而对于落后地区需要解决的是如何提高科研人员经费投入。一方面要拓宽科研资金的来源渠道，相关主体可通过建立多元化投资模式以及投资利益共享机制设计等方式来降低创新投资主体的风险，从而吸引更多投资主体参与该区域的科研建设中来。此外随着互联网的普及与发展，一种新的科研筹资方式——科研众筹应运而生，它是通过互联网直接将研究人员与投资者联系起来，依靠社会资金来进行科研项目的投入。因此相关研究机构及负责人可以通过这一平台，充分发挥自身优势来吸引投资。另一方面要提高对科研人员的吸引力度与管理水平。多数学者的研究表明物质奖励是吸引和留住科研人员的重要保障（Peter，1992；JIN et al.，2004），因此可以提高科研人员的工资报酬及物质奖励来吸引更多科研人员流入本地区。此外，科研人员往往具有高度的责任心和工作意识，所以提供一个良好的工作环境也有利于留住并激励他们更加努力认真地工作（Badawy，1971）。

其次，要充分发挥科技创新主体的关键作用。当前我国大多数地区创新体系建设不完善，尤其是创新主体功能的发挥并未起到满意的效果，更多表现在政府色彩过浓、市场机制缺失，未能很好发挥企业、科研院所与高校产学研的协调发展。因此，还需要继续深化科技体制改革，加快建设以政府为主导，以企业为核心，以市场为导向的科技创新体系，要充分发挥市场在配置资源中的基础作用。政府要加强对科研院校的资金投入，激发企业技术创新能力的提升，从而发挥不同阶段高校、科研院所及企业的互补与协同作用，完成全链条的创新活动，真正实现技术创新与经济发展的紧密结合。

最后，政府及相关科研部门要减少对科研资金及知识要素的制度障碍，加强对区域知识溢出的吸收能力，实现资源的充分利用，从而更好地获得集聚对创新能力产生的促进效用。因此落后地区要努力提高自身的吸收能力：一是对国内外创新资金的吸收能力。可通过加大对科研经费的投入以及工作人员的再培训创造一个良好的创新环境与高人力资本水平，以此吸引更多具有较高技术水平的外商及跨国公司的资本流入并聚集，才能更好地借助集聚效应来促进创新，并带动地区的经济发展。二是对发达地区知识溢出的吸收能力。发达地区科研投入及创新能力都处在一个较高的水平，因此落后地区要努力减少对知识要素的流动障碍，提高对这些地区知识溢出的吸收与转化能力，对此可以设立一些专门机构来指导区域间创新知识的合理流动，从而提高区域创新资源的有效配置。

第二，优化产业结构，重点推进区域优势产业的发展与升级。近几年随着经济发展水平的提升我国产业结构调整取得了很好的进展，但是对于大多落后地区仍存在业结构不合理等问题。2017年我国三次产业结构的比重为4.9%、36.3%、58.8%，第三产业的主导地位进一步提升，而中西部大多数省(区、市)的还是第二产业占主导，例如江西省的二、三产业比重为48.2%、42.7%，山西省的比重为49.7%、42.4%。由此可见，这些地区并未充分享受到第三产业对经济发展的推动作用，需要进一步优化产业结构来提高经济发展水平。从国家的宏观经济形势来看，第三产业在经济发展中扮演着越来越重要的角色，因此这些地区仍要提高产业调整力度，加强对传统产业的改造升级，消除产能过剩，提高产业结构和产品质量的发展层次。同时要紧随新时代脚步，着重发展资本密集型和劳动密集型的高新技术产业，提高企业的生产效率与生产环境，走出一条“科技高、效益好、耗费低、污染小”的新型工业化发展道路。其次，各区域要充分发挥地区优势产业，推进优势产业的转型与升级。我国区域资源禀赋的差异导致区域经济发展水平参差不齐，但是比较优势理论告诉我们，这种差异性只是相对的差异，而非绝对的差异。因此落后地区要善于取长补短，充分认识自身的资源禀赋、要素资本和技术水平等方面的条件，找出经济发展中的“瓶颈”与“不足”，在今后发展中形成具有区域特色的优势产业。例如江西省以煤炭产业闻名，传统的煤炭产业就是对煤炭的开采与利用，但是在产业转型升级过程中，我们要实现从低端产品向高端产品的跨越，利用技术创新使煤炭从低端基础燃料向高端新型能源的转换。

第三，提高社会公共服务水平，促进中小城市高质量发展。社会公共服务水平不仅体现了一个地区经济发展的水平，同时也体现了一个地区的生活保障水平。同西方发达国家比较而言，我国社会公共服务总体供给不足、供给结构失衡等问题一直存在，尤其是一些落后地区公共服务供给不足问题更加严重。因此提高社会公共服务质量，实现公共服务均等化是提高城市发展质量，缩小居民生活水平差距，实现区域经济发展水平和城市化水平均衡发展的重要举措。首先，要加大对中小城市的财政补贴力度，增加中小城市社会公共服务的资金投入。近几年我国财政收入不断下滑，如何在财政支出压力逐渐增大的情况下保障财政投入的高效率和准确性就显得尤其重要。这便要求各级政府要充分考虑各区域的实际需求，从经济水平、产业发展和人口流动等因素出发建立完善的社会公共服务保障体系，努力缩小区域差异，加强对公益性和基础性公共服务的建设，重点关注偏远贫困地区社会公共服务的投入，并注重对生态环境保护的投入，实现财政支出的最大效益。其次，社会公共服务的投入要坚持以人为核心。城市化的过程实际上就是人口转移的过程，只有为居民提供一个安居乐业的环境，满足居民生活的基本需求，保障居民的基本权利，让所有人享受到社会服务提升带来的好处才能实现城市化的高质量发展。最后，要促进社会公共服务的区域均等化，缩小区域差距。我国社会公共服务区域差异较为突出，有数据显示，2006 年，我国东部地区的实际人均卫生财政支出为 100.56 元，而西部地区仅有 74.86 元，两者医疗卫生的投入具有明显的差异(潘楠，2015)。因此实现社会公共服务均等化是解决我国区域矛盾、促进区域协调发展的重要手段。应当根据各个区域的特点及经济发展的现状，有针对性的提供基本公共服务，合理调整公共服务供给结构，应当建立健全基层公共服务机制，加强对落后地区公共服务管理能力的提升以及人才的培养，使得无论是发达地区还是落后地区都能共享公共服务带来的权益，全面提高居民的满意度，从真正意义上全面实现高质量的城市化。

第四，提高区域间资源辐射性及流动性，促进区域共同发展。各区域资源要素不尽相同，因此通过加强区域间要素之间的流动有利于实现区域经济的共同发展。先从劳动力要素的区域流动来看，一般，中、西部地区的劳动力人口较多，由于东部地区高收入水平吸引了大量劳动力从中、西部地区流入东部地区，这样东部地区劳动力供给数量增加，而劳动力的平均成本却减少了，从而东部地区获得了比原来更多的收益。而这些从中西部地区流出的劳动力由于无法在高消费水平的东部地区定居，就会带着从东部地区获得的工资收益返回到家庭所在地，这样就会进一步促进中西部地区收入水平的提高。因此，我们应减少劳动力在区域间的流动障碍，促进区域间收益的自由分配。在从资本要素的区域流动来看，根据缪尔达尔的“循环累积因果理论”，资本倾向于向条件更为优越的发达地区积累，这会促进发达地区经济的再度发展和资本的再次积累，这也是我国东西部地区经济发展水平差异的主要原因。促进资本在区域间的流动，尤其是发达地区资本向落后地区的转移不仅能够扩大资本的利用范围和提高资本的利用效率，还能解决区域发展的差异问题，从而实现区域经济一体化发展。所以，各部门应当设立相关机构，完善区域间的道路交通系统与网络交流系统，从而搭建好落后地区与发达地区要素流动之间的纽带，使得落后地区能够最大化地享受发达地区要素流入所带来的收益。

第五，促进城乡融合发展，缩小城乡收入差距。促进城乡融合发展，缩小城乡收入差距不仅是实现经济高质量发展的内在要求，也是促进城市化快速发展的内在要求。前文的分析中已经多次强调，农业是发展一切的基本保障。十九大报告指出：“要坚持农村农业优先发展，按照产业兴旺、生态宜居、乡风文明、治理有效、生活富裕的总要求，建立健全城乡融合发展体制机制和政策体系，加快推进农业农村现代化”。但是，现实中城乡发展不协调，农村发展不充分，城乡收入差距大等问题依然存在，如何统筹城乡协调发展，是缩小城乡收入差距，提高城市化水平的关键问题。首先，同城市发展一样，农村发展一样离不开基础设施建设和公共服务的投入，基础设施差、投入少以及公共服务水平低是当前农村发展的通病。因此要把基础设施建设的重点聚焦在农村，并完善农村基础设施管理体系，提高农村公共服务投入水平和公共服务均等化，切实保障农民的基本权益，从而促进城乡一体化发展。其次，产业是也农村发展振兴的基础，因此要加快对农村产业的建设与调整，解决农村产业结构混乱，生产效率低及抗风险能力差等问题。对此，相关部门要给予农村产业发展提供一定的资金支持和技术指导，从而培育出一批会技术、懂经营、善管理的农业企业管理人才，提高农村产业的抗风险能力。此外，要根据地区差异发展当地特色产业，鼓励农民采用先进的生产方式和组织形式进行农产品的企业化生产，实现当地特色农产品由低价值的初级农产品向高附加值的品牌产品转化，提高农业产业的生产效率和农民收益，实现农业产业的现代化发展。最后，要加速城乡区域间生产要素的合理流动，促进城乡产业融合发展。打破城乡产业空间的隔离状态，实现农村和城市产业、要素与资源的合理流动和有效配置，建立和完善以工促农、以城带乡的产业发展机制，促进城乡产业空间的一体化发展。

二、纠正地方政府行为偏向，促进各区域城市化健康可持续发展

我国土地二元制度规定：“城市土地归国家所有，城郊和农村土地归集体所有”，而且出于公共利益的需要，国家可以依法对集体土地进行征用。而在国家实行分税制改革以后，各级政府的财权削弱，事权加大，二者的不对称致使各级政府开始以低价出让土地的方式招商引资、增加财政收入，促进地方经济增长。2010年，各级政府的土地出让收入金额超过了 2 万亿元，占当时地方财政收入的 72%，之后土地出让收入更是连年增加，2014 年 42940.3 亿元，比 2010 年超出了两倍之多(贾康 等,2015)。虽然国家出台了一系列关于土地出让价限制的条例，但从以往土地的出让价格来看，绝大多数土地成交价格只是等于或者略高于最大限制价格(蔡继明 等,2013)，土地财政成为地方政府财政收入的主要来源，因此也造成了城市空间规模的无序扩张，影响了城市化健康发展。此外，各级政府在获得土地出让高收益的同时并未支出合理补偿成本，造成大量农民种田无地、工作无门，基本生活也得不到保障，从而引发了诸多社会问题。除此之外，当前我国虽然取消了户籍管制对农村人口转移的障碍，但是并未从根本上解决农村转移人口的住房医疗、子女教育及社会保障等问题，使得农村人口只是短期、单方面地转移城市，并未实

现真正的市民化。已有研究指出，2011 年，我国城镇人口比重虽然超过了 50%，但是除去 1.59 亿的农民工数量，实际的城市化率只有 36%左右，我国“半城市化”问题较为严重（刘儒婷，2014）。而且由于地方政府之间的激烈竞争使得地方财政收入多用于基础设施建设等公共性物品的支出上，而减少了对医疗、教育及社会保障等非公共物品的供给（王贤彬 等，2013），降低了城市对农村人口的吸引力，进一步阻碍了城市化的发展。针对以上问题，笔者认为需在我国城市化进程中纠正地方政府的行为偏向，推动各地区城市化共同发展。

第一，建立健全农村人口转移机制，实现我国农村人口向城市人口的全面转化。首先，实现农村转移人口社会公共服务的均等化是农村人口市民化的基本保障，也是农村转移人口最关心的一个问题。因此政府应切实保障迁移人口子女享有平等的受教育权利，降低农民工子女的受教育成本，提高农民工及家人同等享受城市住房保障、医疗保障及社会保障的权利，并将这些纳入到各级政府教育规划及财政支出规划的范围之内。其次，要进一步完善社会公共服务体系，提高对医疗、教育、社会保障等非公共性物品的财政支出，提升社会公共服务水平，增强农工定居城市生活的安全感与幸福感。最后，要为农村转移人口提供良好的就业保障和就业环境，加大对农村转移人口就业信息宣传及职业能力培训，提高农民工的工资收入水平及生活水平，增强农民工的工作信心及生活信心，使其能够完全融入到市民生活。

第二，破除城乡二元土地制度，促进农村集体土地的合理流转与利用。征用农村土地进行非农化建设产生的高收益低成本促使地方政府在经济发展中加大了对农村土地垄断的依赖性，从而引发了土地资源浪费、农民权益受损、城市规模无序扩张等一系列社会风险，而破除城乡二元土地制度是解决这些问题的关键。在关于征地制度方面，要降低政府对征用土地的营利性，凡是以营利为目的的征地都可判定为非公益性的用途，禁止地方政府征用。同时要削弱地方政府土地征用时的成本利益差，适当提高农村土地征用价格及农地补贴成本，以保障农民的合法权益，避免城市版图的盲目扩张。在土地增值收益的城乡分配方面，要建立公平的土地收益分配制度，可采用农村集体土地级差地租的分配方式，即允许农民在土地出让或者出租后获得级差收益，允许农民同投资者合作开发集体用地，从而保障农民的长久收入，改变当前土地增值收益先归政府，其次是投资者，而农民在土地增值收益中无份的状况。除此之外，最重要的一点是要建立一个统一开放、竞争有序的城乡建设用地市场。《中共中央关于全面深化改革若干重大问题的决定》中指出，在符合规划和用途管制前提下，允许农村集体经营性建设用地出让、租赁、入股，实行与国有土地同等入市、同权同价。该项决定允许集体土地进入市场，使得土地资源的配置方式开始由政府主导转向市场调节，利用市场价格形成机制，有利于提高农村土地的利用效率。但是建立统一市场的前提是要符合规划、用途管制，这便要求对入市主体、入市土地、入市收益等进行严格地筛选与控制，从而避免市场混乱、管理无序等问题的产生。

第三，调整地方财政体制，使地方政府工作重心由绩效竞争转移到民生建设上来，推动各区域城市化的协调发展。首先，要转变地方政府财政收入来源，促进地方财政收入的可持续增长。依靠土地增加财政收入终究不是长久之计，因此各级政府要努力拓宽财政资金长期来源，以税收收入为主、其他收入为辅，实现财政收入的可持续增长。各级政府要努力拓宽能够促进地方公共服务水平增加的房产税和物业税等税收来源，同时要积极吸收社会资本为公所用，可鼓励社会资本参与到城市重大项目的建设，为城市经济发展贡献力量，也可适当增加地方债券和投资基金发放数量，从而缓解财政支出的压力。其次，要优化财政支出结构，以民生保障作为投入重点。政府财政支出要始终以民生为重点，加大对教育、医疗及社会保障等方面的支出，要严格规范和管制公共部门人员薪酬、公用经费以及经常性项目开支的使用，以减轻财政支出的压力。最后，要进一步优化中央与地方政府之间的财税关系。分税制改革造成我国地方政府财权与事权严重失衡，因此中央政府与地方政府要进一步明确各自事权范围，对于凡是公共服务范围涉及全社会成员的投资项目都应归中央财政负担，以此来降低地方政府的重担。目前，税源相对集中稳定、征管相对便利、收入充足、增收潜力较大的税种，大多列为中央税、中央与地方共享税。而留给地方的大多是税源分散、征管难度大、征收成本高和收入不稳定的小税种，使得地方政府无法或较难通过地方税有效地提高财政收入。对此可按照事权与财权相对应的原则来划分地方的税收界限，从而优化地方税收结构、完善地方税收体系，增强税收对财政收入的支撑力度。

参考文献

安虎森,2011.新区域经济学[M].大连:东北财经大学出版社:113-145.

保罗·贝洛克,1991.城市与经济发展[M].肖勤福,赵长茏,等译.南昌:江西人民出版社:128.

白南生,李靖,2008.城市化与中国农村劳动力流动问题研究[J].中国人口科学(4):2-10.

崔功豪,王本炎,查彦育,1992.城市地理学[M].南京:江苏教育出版社:69.

陈光庭,2002.从观念到行动:外国城市可持续发展研究[M].北京:世界知识出版社:102.

蔡翼飞,张玉华,2015.中国城镇人口统计方法变迁及调整方向[J].区域经济评论(6):32-39.

陈明星,陆大道,张华,2009.中国城市化水平的综合测度及其动力因子分析[J].地理学报(4):387-398.

程必定,2003.论我国结构转换型的城市化[J].中国工业经济(8):44-49.

曹宗平,吴思思,2015.中国产业结构演进与城市化进程内在关联性研究[J].上海行政学院学报(1):45-53.

蔡昉,王德文,2001.劳动力市场扭曲对区域差距的影响[J].中国社会科学(2):4-14.

陈文琼,刘建平,2018.城市化、农民分化与"耕者有其田":城市化视野下对农地制度改革的反思[J].中国农村观察(6):28-42.

陈海达,2009.财政分权对政府支出和城市发展的影响研究[D].杭州:浙江大学:69-84.

熊柴,高宏,2012.人口城镇化与空间城镇化的不协调问题:基于财政分权的视角[J].财经科学(11):102-108.

蔡昉,2000.中国城市限制外地民工就业的政治经济学分析[J].中国人口科学(4):1-10.

陈志勇,陈莉莉,2011.财税体制变迁、土地财政与经济增长[J].财贸经济(12):24-29.

蔡昉,都阳,王美艳,2001.户籍制度与劳动力市场保护[J].经济研究(12):41-49.

陈钊,2011.中国城乡发展的政治经济学[J].南方经济(8):3-17.

陈利,朱喜钢,2017.中国城镇化的地域非均衡及其动态演进:来自基尼系数及核密度估计的经验证据[J].统计与信息论坛(5):76-84.

陈立泰,刘艺,2013.中国产业结构变迁对城市化发展的影响:基于省级面板数据的实证研究[J].经济问题探索(8):61-66.

陈立俊,王克强,2010.中国城市化发展与产业结构关系的实证分析[J].中国人口·资源与环境(7):11-14.

崔志坤，李菁菁，2015.财政分权、政府竞争与产业结构升级[J].财政研究(12)：37-43.

陈志勇，陈莉莉，2010.土地财政：缘由与出路[J].财政研究(1)：29-34.

陈斌开，林毅夫，2013.发展战略、城市化与中国城乡收入差距[J].中国社会科学(4)：82-102.

蔡继明，熊柴，高宏，2013.我国人口城市化与空间城市化非协调发展及成因[J].经济学动态(6)：15-22.

杜金华，陈治国，2018.土地财政依赖对城市扩张的影响[J].财经科学(5)：79-89.

都阳，蔡昉，屈小博，等，2014.延续中国奇迹：从户籍制度改革中收获红利[J].经济研究(8)：4-13.

方辉振，2007.郊区城市化：我国城市化主导模式的新选择[J].理论前沿(13)：3.

方世明，郑斌，2010.区域城市化与经济协调发展测度研究：以咸宁市为例[J].中国地质大学学报(社会科学版)(5)：7.

方创琳，王德利，2011.中国城市化发展质量的综合测度与提升路径[J].地理研究(11)：1931-1946.

方创琳，刘晓丽，蔺雪芹，2008.中国城市化发展阶段的修正及规律性分析[J].干旱区地理(汉文版)(4)：512-523.

方创琳，王振波，马海涛，2018.中国城市群形成发育规律的理论认知与地理学贡献[J].地理学报(4)：651-665.

郭强，2011.失地农民养老保险问题研究：以寿光市为例[D].济南：山东师范大学：48-106.

郭正林，周大鸣，1995.中国乡村都市化背后的政策分析[J].社会科学战线(4)：9.

谷荣，2006.中国城市化的政府主导因素分析[J].现代城市研究(3)：51-55.

郭宏宝，2011.财产税、城市扩张与住房价格：基于12个城市面板的经验分析[J].财贸经济(3)：123-131.

高帆，2004.交易效率、分工演进与二元经济结构转化[D].西安：西北大学：56-123.

顾乃华，王小霞，陈雄辉，2011.我国土地财政的区域差异与成因：基于省际面板数据的实证研究[J].产经评论(2)：103-112.

何文举，2014.湖南省城市化质量及其影响因素的实证研究[D].长沙：湖南大学.

黄小花，1997.发达国家的“逆城市化”现象及其启示[J].城市问题(6)：3.

惠彦，金志丰，陈雯，2009.城乡地域划分和城镇人口核定研究：以常熟市为例[J].地域研究与开发(1)：5.

韩增林，刘天宝，2009.中国地级以上城市城市化质量特征及空间差异[J].地理研究(6)：8.

霍利斯·钱纳里，莫伊斯·塞尔昆，1988.发展的型式：1950-1970[M].李新华，等译.北京：经济科学出版社.

胡峰，2001.新兴古典城市化理论评介[J].兰州商学院学报(4)：41-42.

贺建风，杨姣，曾艳姗.技术创新，城市化与城乡收入差距：基于中国时序数据的实证研究[C]//智能信息技术应用学会.Proceedings of 2010 International Conference on Management Science and Engineering (MSE 2010).

胡国珠,郑文清,夏凡,2014.对外开放度与江苏经济增长关系的区域差异研究[J].华东经济管理(11):5-10.

侯新烁,杨汝岱,2016.政府城市发展意志与中国区域城市化空间推:基于《政府工作报告》视角的研究[J].经济评论(6):9-22.

蒋长流,张松祺,2015.逆城市化:观察维度与制度反思[J].上海经济研究(70):91-98.

江曼琦,席强敏,2015.中国主要城市化地区测度:基于人口聚集视角[J].中国社会科学(8):21.

蒋耒文,考斯顿,2001.中国区域城市化水平差异原因探析[J].中国人口科学(1):45-51.

纪韶,2010.改革开放以来的中国农民工就业政策社会效应评估研究[J].经济与管理研究(10):89-95.

江永红,陈奡楠,2018.产业结构服务化对全要素生产率增速的影响机理[J].改革(5):89-98.

贾康,梁季,2015.市场化、城镇化联袂演绎的土地财政与土地制度变革[J].改革(5):67-81.

库兹涅兹,1989.现代经济增长:速度.结构与扩展[M].戴睿,易诚,译.北京:北京经济学院出版社:79-135.

李旭,2010.西南地区城市历史发展研究[J].西部人居环境学刊(4):60.

李婕,胡滨,2012.中国当代人口城市化、空间城市化与社会风险[J].人文地理(5):6-12.

梁振民,等,2013.东北地区城市化发展质量的综合测度与层级特征研究[J].地理科学(8):926-934.

冷智花,2016.中国城镇化从失衡到均衡发展[J].南京大学学报(哲学·人文科学·社会科学)(4):42-50.

蓝庆新,刘昭洁,彭一然,2017.中国新型城镇化质量评价指标体系构建及评价方法:基于2003-2014 年 31 个省市的空间差异研究[J].南方经济(1):111-126.

李政通,姚成胜,邹圆,等,2019.中国省际新型城镇化发展测度[J].统计与决策(2):97-102.

刘婧,赵民,2008.论城市化发展的影响因素:从经济增长到社会和谐发展的考量[J].城市规划(5):9-19.

刘盛和,2004.中国城市化水平省际差异的成因探析[J].长江流域资源与环境(6):530-535.

刘耀彬,陈志,杨益明,2005.中国省区城市化水平差异原因分析[J].城市问题(1):16-32.

刘盛和,蒋芳,张擎,2007.我国城市化发展的区域差异及协调发展对策[J].人口研究(3):7-19.

刘瑞明,石磊,2015.中国城市化迟滞的所有制基础:理论与经验证据[J].经济研究(4):107-121.

李若建,2003.中国人口的户籍现状与分区域推进户籍制度改革[J].中国人口科学(3):7-15.

李强,左静娴,2017.财政分权、制度质量与城市蔓延:来自长江经济带的例证[J].中国科技论坛(9):123-130.

李郇,洪国志,黄亮雄,2013.中国土地财政增长之谜:分税制改革、土地财政增长的策略性

[J].经济学(季刊)(4):1141-1160.

雷潇雨,龚六堂,2014.城镇化对于居民消费率的影响:理论模型与实证分析[J].经济研究(6):44-57.

梁琦,陈强远,王如玉,2013.户籍改革、劳动力流动与城市层级体系优化[J].中国社会科学(12):36-59.

陆铭,陈钊,2004.城市化、城市倾向的经济政策与城乡收入差距[J].经济研究(6):50-58.

李奋生,李云慧,2014.大城市户籍制度改革的制约因素及对策研究[J].农业经济(3):52-53.

李晓澜,宋继清,2004.二元经济理论模型评述[J].山西财经大学学报(1):14-19.

李婕,胡滨,2012.中国当代人口城市化、空间城市化与社会风险[J].人文地理(5):6-12.

卢新海,柯楠,匡兵,等,2019.中部地区土地城镇化水平差异的时空特征及影响因素[J].经济地理(4):7.

刘维奇,2009.技术变迁对城市化影响的实证研究[C]//中国可持续发展论坛暨中国可持续发展研究会学术年会论文集(下册):6.

梁树广,2014.产业结构升级影响因素作用机理研究[J].商业研究(7):26-33.

李健,宁越敏,2012.全球化、地方响应与中国区域城市化发展模式:兼评《中国区域城市化动力与国际化路径研究》[J].南京社会科学(4):155-156.

吕宁,2006.地方财政一般预算收入预测模型研究[D].杭州:浙江大学.

刘小勇,丁焕峰,2015.邻里竞争、财政分权与政府财政支出偏向研究:基于三层分权框架的角度[J].当代财经(7):35-44.

刘亮亮,2018.财政分权对地方经济增长及公共福利的非线性效应研究[D].合肥:中国科学技术大学:75.

刘守英,熊雪锋,2018.二元土地制度与双轨城市化[J].城市规划学刊(1):31-40.

李小帆,付书科,卢丽文,2017.长江经济带人口城镇化时空差异格局研究[J].世界地理研究(3):84-96.

李子联,2013.人口城镇化滞后于土地城镇化之谜:来自中国省际面板数据的解释[J].中国人口·资源与环境(11):94-101.

刘佩婷,2017.中国城镇化与城乡收入差距变化[D].广州:暨南大学.

刘玉萍,郭郡郡,李馨鸾,2012.经济增长中的土地财政依赖:度量、变化及后果[J].云南财经大学学报(1):67-72.

李荣杏,陈芸,胡俊峰,2016.长三角各地高层次人才引进政策的比较研究[J].江苏工程职业技术学院学报(1):69-75.

刘儒婷,2014.新型城镇化视角下农业转移人口市民化探析[J].农业经济(10):55-57.

孟卫东,吴振其,司林波,2017.乡村城市化发展的若干影响因素[J].重庆社会科学(3):9.

马光荣,杨恩艳,2010.中国式分权、城市倾向的经济政策与城乡收入差距[J].制度经济学研究(1):10-24.

欧阳华,2011.城市边缘区域土地可持续利用问题及对策研究[J].城市发展研究(11):

50-54.

潘孝军,2006.城市化理论研究综述[J].广西经济管理干部学院学报(1):36-40.

潘楠,2015.区域公共服务均等化实现机制与完善对策[J].人民论坛(29):138-140.

秦佳,李建民,2013.中国人口城镇化的空间差异与影响因素[J].人口研究(2):25-40.

孙洪祥,1986.上海郊区的城市化趋势[J].瞭望周刊(13):22-23.

孙雪,郝兆印,王成新,等,2013.基于政府经济行为视角的中国城市化水平时空演化研究[J].世界地理研究(3):66-73.

税伟,陈烈,任杰,等,2005.国外乡村城市化研究的起源、进展与比较[J].世界地理研究,14(1):6.

税尚楠,吴希翎,1984.试论我国的乡村城市化道路[J].经济地理(1):7.

单卓然,黄亚平,2013."新型城镇化"概念内涵、目标内容、规划策略及认知误区解析[J].城市规划学刊(2):7.

孙平军,丁四保,修春亮,等,2012.东北地区"人口-经济-空间"城市化协调性研究[J].地理科学(4):8.

孙文基,2011.促进我国城镇化发展的财政制度转型研究[J].苏州大学学报(哲学社会科学版)(5),62-66.

孙秀林,周飞舟,2013.土地财政与分税制:一个实证解释[J].中国社会科学(4):40-59.

世界银行,国务院发展研究中心,2014.中国:推进高效、包容、可持续的城镇化[M].北京:中国发展出版社.

孙晓华,柴玲玲,2012.产业结构与城市化互动关系的实证检验[J].大连理工大学学报(社会科学版)(2):22-27.

商勇,2015.中国新型工业化评价指标体系的构建和实证分析[J].区域经济评论(3):34-40.

孙文凯,2017.中国的户籍制度现状、改革阻力与对策[J].劳动经济研究(3):52-65.

唐耀华,2013.城市化概念研究与新定义[J].学术论坛,36(5):4.

陶然,徐志刚,2005.城市化、农地制度与迁移人口社会保障:一个转轨中发展的大国视角与政策选择[J].经济研究(12):45-56.

唐福国,陈光,2001.我国技术创新能力的地区差异分析:框架、指标与评价[J].研究与发展管理(5):32-36.

唐在富,2012.中国土地财政基本理论研究:土地财政的起源、本质、风险与未来[J].经济经纬(2):140-145.

王婷,2013.中国城镇化对经济增长的影响及其时空分化[J].人口研究(9):53-67.

王黎明,2014.中国特色的新型城镇化道路研究[J].改革与战略(2):4.

王明涛,1999.多指标综合评价中权数确定的离差均方差决策方法[J].中国软科学(8):3.

吴巧生,2007.工业化水平区域差异与中国能源消费[J].中国人口·资源与环境(5):59-64.

魏丽莉,张明凡,2014.中国城镇化区域差异的影响因素分析[J].统计与决策(19):112-114.

汪段泳,朱农,2007.中国城市化发展决定因素的地区差异[J].中国人口资源与环境(1):66-71.

王家庭，唐袁，2009. 我国区域间城市化水平不平衡的测度研究[J]. 城市发展研究(10)：7-12.

王婷，2013. 中国城镇化对经济增长的影响及其时空分化[J]. 人口研究(9)：53-67.

王佳，2017. 地方政府竞争对城市化发展失衡的影响[J]. 城市问题(3)：6-14.

吴群，李永乐，2010. 财政分权、地方政府竞争与土地财政[J]. 财贸经济(7)：51-59.

魏后凯，苏红键，李凤桃，2014. 农民工市民化现状报告[J]. 发展(5)：20-25.

吴开亚，张力，陈筱，2010. 户籍改革进程的障碍：基于城市落户门槛的分析[J]. 中国人口科学(1)：66-74.

文余源，2005. 中国城市化水平地区差异及其变动[J]. 地域研究与开发(5)：25-29.

王洋，方创琳，王振波，2012. 中国县域城镇化水平的综合评价及类型区划分[J]. 地理研究(7)：1305-1316.

汪斌，徐士锋，2006. 产业结构变动与城市化发展研究述评[J]. 浙江社会科学(1)：197-201.

王文龙，王佩瑶，傅超，等，2012. 中国户籍制度分析及其对经济发展影响初探[J]. 经济研究导刊(12)：219-219.

王伟，吴志强，2007. 基于制度分析的我国人口城镇化演变与城乡关系转型[J]. 城市规划学刊(4)：39-46.

王同益，2016. 中国户籍制度改革的动力与阻力研究[D]. 杭州：浙江大学.

文军，2004. 从分治到融合：近 50 年来我国劳动力移民制度的演变及其影响[J]. 学术研究(7)：32-36.

王玉波，姚双双，2017. 土地财政与城镇化关系时空差异研究[J]. 华中农业大学学报(社会科学版)(3)：105-115.

吴炳辉，何建敏，2015. 中国土地财政的发展脉络、影响效应及改革方向[J]. 经济管理(3)：1-11.

吴文钰，2014. 政府行为视角下的中国城市化动力机制研究[D]. 上海：华东师范大学.

温娇秀，2010. 分税制改革与我国财政分权经济增长效应的跨区差异[J]. 华东经济管理(4)：60-63.

王贤彬，张莉，徐现祥，2013. 什么决定了地方财政的支出偏向：基于地方官员的视角[J]. 经济社会体制比较(6)：157-167.

薛德升，郑莘，2001. 中国乡村城市化研究：起源，概念，进展与展望[J]. 人文地理(5)：5.

薛俊菲，陈雯，张蕾，2010. 中国市域综合城市化水平测度与空间格局研究[J]. 经济地理(30)：7.

西蒙·库兹涅茨，1985. 各国的经济增长[M]. 常勋，译. 北京：商务印书馆.

夏翊，2008. 中国城市化与经济发展关系研究[D]. 北京：首都经济贸易大学：76.

谢婷婷，郭艳芳，2016. 环境规制、技术创新与产业结构升级[J]. 工业技术经济(9)：135-145.

夏纪军，2004. 人口流动性、公共收入与支出：户籍制度变迁动因分析[J]. 经济研究(10)：56-65.

徐德云，2008. 产业结构升级形态决定、测度的一个理论解释及验证[J]. 财政研究(1)：

46-49.

佚名,2004.英国小城镇的发展及其对我们的启示[J].城乡建设(5):46-48.

阎小培,林初升,许学强,1994.地理、区域、城市—永无止境的探索[M].广州:广东高等教育出版社.

余欣荣,2013.坚持走中国特色农业现代化和新型城镇化协调发展道路[J].农村工作通讯(18):13-15.

杨贵军,王丽娟,2015.我国省域城市化水平的测度[J].统计与决策(1):115-119.

姚小剑,何珊,2017.基于我国省际面板数据的新型城镇化水平测度与分析[J].西安石油大学学报(社会科学版)(6):7.

余典范,2003.中国产业结构的区域差异分析[J].上海经济研究(12):12-17.

杨永华,2010.民工荒、半城市化模式和城市化模式[J].经济学家,9(9):71-76.

杨继麒,2015.财政分权、城镇化与民生性财政支出[J].中国人口·资源与环境(1):383-388.

叶林,吴木銮,高颖玲,2016.土地财政与城市扩张:实证证据及对策研究[J].经济社会体制比较(2):39-47.

姚先国,2013.劳动力市场与转型发展[J].广东社会科学(3):6.

杨小凯,张永生,2000.新兴古典经济学和超边际分析[M].北京:中国人民大学出版社.

叶裕民,2001.中国城市化质量研究[J].中国软科学(7):27-31.

闫洪超,2009.中国地区收入差距现状及原因分析[J].商场现代化(8):99-200.

于洪娜,2014.农村剩余劳动力转移过程中的政府职能研究[D].哈尔滨:哈尔滨商业大学.

叶林,吴木銮,高颖玲,2016.土地财政与城市扩张:实证证据及对策研究[J].经济社会体制比较(2):39-47.

杨翠迎,2004.中国社会保障制度的城乡差异及统筹改革思路[J].浙江大学学报(人文社会科学版)(3):12-34.

赵煦,2007.城市化理论的起始问题:城市化概念探析[J].宁德师专学报(哲学社会科学版)(3):65-70.

周一星,史育龙,1993.解决我国城乡划分和城镇人口统计的新思路[J].统计研究(2):55-61.

张水清,杜德斌,2001.上海郊区城市化模式探讨[J].地域研究与开发(4):22-26.

邹建平,2007.郊区城市化发展的动力新模式:江宁区"园区带镇"模式研究[J].现代城市研究(1):5.

中国金融四十人论坛课题组,2013.对加快推进新型城镇化的若干认识与政策建议[J].新金融评论(4):12.

郑文升,王晓芳,李诚固,2007.1997年以来中国副省级城市区域城市化综合发展水平空间差异[J].经济地理(2):256-260.

张樨樨,2010.我国城市化水平综合评价指标体系研究[J].中国海洋大学学报(社会科学版)(1):60-64.

赵磊，方成，2019. 中国省际新型城镇化发展水平地区差异及驱动机制[J]. 数量经济技术经济研究(5)：44-64.

张立，2010. 1980年代以来我国区域城市化差异的演变及其影响因素[J]. 城市规划(5)：9-17.

周一星，1983. 论我国城镇化的地域差异[J]. 城市规划(2)：17-21.

朱孔来，李静静，乐菲菲，2011. 中国城镇化进程与经济增长关系的实证研究[J]. 统计研究(9)：80-87.

张妍，2013. 中国省区城市化发展差异的成因分析[J]. 现代城市研究(4)：90-95.

郑勤华，赖德胜，2008. 人力资本与中国城市化的地区差异研究[J]. 中国人口科学(1)：59-66.

周文，赵方，杨飞，等，2017. 土地流转、户籍制度改革与中国城市化：理论与模拟[J]. 经济研究(6)：185-199.

钟怀宇，2013. 城市化非均衡性制度安排的改革与创新[J]. 财经科学(6)：107-115.

张勇，张红亮，王介勇，等，2009. 大城市边缘区土地利用与城乡协调发展关系：以天津东丽区为例[J]. 地域研究与开发(3)：112-116.

中国经济增长前沿课题组，2011. 城市化、财政扩张与经济增长[J]. 经济研究(11)：4-20.

张跃胜，2017. 中国城镇化区域差异的空间和要素的双重解读[J]. 城市问题(4)：15-21.

张立，2011. 城镇化新形势下的城乡(人口)划分标准讨论[J]. 城市规划学刊(2)：77-85.

周一星，史育龙，1993. 解决我国城乡划分和城镇人口统计的新思路[J]. 统计研究(2)：55-61

张文静，2015. 对外开放对我国城市化发展的影响研究[D]. 长沙：湖南大学.

周喆，2012. 中国地区间经济发展不平衡：水平测度和成因探究[J]. 山西财经大学学报(2)：20-27.

赵曦，刘耀林，乔慧，等，2005. 湖北省经济对外开放度研究[J]. 地域研究与开发(3)：24-27.

赵乐东，2006. 制度变迁中的中国人口流动[J]. 统计与决策(4)：58-60.

张欣怡，2015. 财政分权下地方政府行为与环境污染问题研究：基于我国省级面板数据的分析[J]. 经济问题探索(3)：32-41.

赵金鑫，冯骅，2017. 土地财政对中国城市化的影响研究[J]. 现代管理科学(12)：53-55.

张益峰，段进，2013. 城市建设用地为什么会失控：基于土地制度视角的分析[J]. 现代城市研究(9)：22-26.

张宇，2013. 财政分权与政府财政支出结构偏异：中国政府为何偏好生产性支出[J]. 南开经济研究(3)：35-50.

张晏，龚六堂，2005. 分税制改革、财政分权与中国经济增长[J]. 经济学(季刊)(1)：75-108.

Arthur W B, 1989. Competing technologies, increasing returns, and lock-in by historical events[J]. The Economic Journal(394)：116-131.

Bosker M, Brakman S, Garretsen H, et al., 2012. Relaxing Hukou: increased labor mobility and China's Economic Geography[J]. Journal of Urban Economics(72)：252-266.

Bates, Robert, 1981. Market and states intropical Africa [M]. Berkeley, California:

University of California Press.

Riezman R, Wang P, Bond E, 2016. Urbanization and Economic Development: A Tale of Two Barriers[C]//2015 Meeting Papers. Society for Economic Dynamics.

Badawy M K, 1971. Industrial scientists and engineers: motivational style differences[J]. California Management Review(1): 11-16.

Chan K W, Man Wang, 2008. Remapping China's regional inequalities, 1990-2006: A new assessment of de Facto and de Jure population data[J]. Eurasian Geography & Economics(1): 21-56.

Cao S, Lv Y, Zheng H, et al., 2014. Challenges facing China's unbalanced urbanization strategy[J]. Land Use Policy(39): 412-415.

Duranton G, 2009. Are cities engines of growth and prosperity for developing countries? [J]. Urbanization and Growth(12): 1-45.

Davies G, Ramia G, 2008. Governance reform towards "serving migrant workers": the local implementation of central government regulations[J]. The China Quarterly(193): 140-149.

Dagum C, 1997. A new approach to the decomposition of the Gini income inequality ratio [J]. Empirical Economics(22): 515-531.

Fan C C, Sun M, 2008. Regional inequality in China: 1978-2006[J]. Eurasian Geography and Economics(49): 1-20.

Fare R, Grosskopf S, Norris M, et al., 1994. Productivity growth, technical progress, and efficiency change in industrialized countries[J]. American Economic Review(5): 1040-1044.

Glaeser A E L, 1995. Trade and circuses: explaining urban giants[J]. The Quarterly Journal of Economics(1): 195-227.

Henderson J V, 1991. Urban development: theory, fact, and illusion[J]. OUP Catalogue.

Henderson J V, 2005. Chapter 24-urbanization and growth[M]//Handbook of Economic Growth.

Henderson J V, Wang H G, 2007. Urbanization and city growth: The role of institutions [J]. Regional Science & Urban Economics(3): 283-313.

Ho K C, 2009. The neighbourhood in the creative economy: policy, practice and place in Singapore[J]. Urban Studies(5): 1187-1201.

Harvey D, 1985. The urbanization of capital[M]. Cambridge, Mass: Basil Blackwell.

Jin Feng Uen, Shu Hwa Chien, 2004. Compensation structure, perceived equity and individual performance of R & D professionals[J]. The Journal of American Acade-my of Business(3): 401-405

Lee E S, 1966. A theory of migration[J]. Demography(1): 47-57.

Lee J G, Heaney, James P, 2003. Estimation of urban imperiousness and its impacts on storm water systems[J]. Journal of Water Resources Planning & Management(5): 419-426.

LI Yong-le, WU Qun, 2008. Decentralization, competition and farmland conversion[J].

Interna-tional Conference on Greening Asian Growth(9):29-30.

Qian Y, Gerald Roland, 1998. Federalism and the soft budget constraint[J]. American Economic Review(5):1143-1162.

Salmon P, 1987. Decentralization as an incentive scheme[J]. Oxford Review of Economic Policy(2):24-43.

Lu M, Wan G, 2014. Urbanization and urban systems in the people's republic of China: research findings and policy recommendations[J]. Social Science Electronic Publishing, 28(4): 671-685.

Lipton M, 1977. Why poor people stay poor: urban bias in world development. [J]. Cambridge, Massachusetts, Harvard University Press(2):521-524.

Lu M, Wan G, 2014. Urbanization and urban systems in the people' republic of China: research findings and policy recommendations[J]. Journal of Economic Surveys(10):1-15.

Mcgee T G, 1991. The Emergence of Desakota Region in Asia: Expanding a Hypothesis[J]. Extended Metropolis Settlement Transition in Asia.

Mills M E S, 1993. The Causes of Metropolitan Suburbanization[J]. The Journal of Economic Perspectives, 7(3):135-147.

Muhlemeyer, Peter, 1992. R&D-personnel management by incentive management: results of an empirical survey in research & development[J]. Personnel Review(4):27-36.

Orleans L A, Burnham L, 1984. The Enigma of China's Urban Population[J]. Asian Survey, 24(7):788-804.

Todaro M P, 1969. A model of labor migration and urban unemployment in less developed countries[J]. American Economic Review(1):138-148.

Tiebout, Charles M, 1956. A Pure theory of local expenditures[J]. Journal of Political Economy(5):416-424.

Wirth, Louis, 1938. Urbanism as a way of life[J]. American Journal of Sociology(1):1-24.

Wiliamson, Jeffrrey G, 1988. Migration and urbanization. [J]. Handbook of Development Economics, in Hollies Chenery, T. N. Srinivasan(ed)(11):33-45.

Wei Y D, Jia Y, 2003. The geographical foundations of local state initiatives: globalizing Tianjin, China[J]. Cities, 20(2):101-114.

Zhang L, Han S, 2009. Regional disparities in China's urbanization: an examination of trends 1982-2007[J]. International Development Planning Review(4):355-376.